나를 지키며 말하는 법

나를 지키며 말하는 법

1판 1쇄 발행 2025년 8월 1일

지은이 김연화
펴낸이 배충현
펴낸곳 갈라북스
출판등록 2011년 9월 19일(제2015-000098호)
전화 (031)970-9102 / **팩스** (031)970-9103
블로그 blog.naver.galabooks
페이스북 www.facebook.com/bookgala
이메일 galabooks@naver.com

ISBN 979-11-86518-93-9 (03190)

「이 도서의 국립중앙도서관 출판예정도서목록(CIP)은 서지정보유통지원시스템 홈페이지(http://seoji.nl.go.kr)와 국가자료공동목록시스템(http://www.nl.go.kr/kolisnet)에서 이용하실 수 있습니다.」

* 이 책은 저작권법에 따라 보호받는 저작물이므로 무단 전재 및 복제를 금합니다. / 책의 내용은 저자의 견해로 갈라북스와 무관합니다. / 갈라북스는 ㈜아이디어스토리지의 출판브랜드입니다. / 값은 뒤표지에 있습니다.

| 서 문 |

"넌 늘 네 맘대로 살았어." 엄마가 병상에서 내게 남긴 마지막 말이다.

요양병원 침대에 누운 채, 나를 똑바로 바라보던 엄마는 치매로 기억이 흐릿한 와중에도 이 말을 또렷하게 내뱉으셨다. "미친년. 넌 내가 하라는 건 안 하고 꼭 네 맘대로 하더라. 엄마는 그게 너무 서운했어."

겉으로 보면 독설처럼 들릴지 모른다. 하지만 나는 안다. 그건 단순한 원망이 아니라, 나처럼 살지 못했던 엄마의 걱정이자, 부러움섞인 인정이었다. 엄마는 내 삶을 늘 염려했지만, 동시에 내가 끝까지 나답게 살아갈 사람이라는 걸 알고 계셨다.

사실 나는 언제나 내 방식대로 선택하고, 결정하고, 책임지며 살아왔다. 어릴 때부터 '내 삶은 내가 결정해야 한다'는 확신이 있었다. 물론 그만큼 버거운 순간도, 외로운 날도 많았다. 지금 이 책을 펼친 당신도 아마 그런 마음이었을 것이다. 지치고, 흔들리고, 그래서 누군가의 말이 아니라 스스로의 언어를 찾고 싶어서.

기억 속 한 장면이 또렷이 떠오른다. 학생 시절, 우리 집 마당에서 푸대자루에 갇힌 막내 똥개(이름이 '똥깨'였다)를 발견했다. 엉덩이 반쯤이 튀어나올 정도로 덩치 큰 녀석이 자루 안에서 벌벌 떨고 있었다. 그 옆에서 엄마는 평온하게 한 아주머니와 이야기를 나누고 있었다.

"엄마, 이게 뭐야?"
"어… 다른 집에 좀 보내려고."
"애를 다른 집에서 기른다고?"
"응… 그런 셈이지." 엄마는 어색하게 웃으며 고개를 끄덕였다.
잠시 후 나는 냅다 소리쳤다.
"(엉덩이와 꼬리를 잡아당기며) 야, 나와! 나오라고, 이 똥깨야. 니가 이 모양이니까 잡혀먹히는 거야!"

놀란 아주머니는 자리를 얼른 피했고, 엄마는 당황해 수습하려 했다. 며칠 뒤, 녀석은 사라졌고, 엄마는 아무 말도 하지 않았다. 아빠만이 시무룩한 얼굴로 "유씨 아저씨가 데려갔어. 진짜야"라고 말했다. 하지만 나는 알았다. 그건 새빨간 거짓말이라는 걸. 그날 이후 나는 어른들의 말을 믿지 않게 되었다. 그날부터였을 것이다. 하라는 대로는 절대 안 하는, 고집스러운 내가 만들어지기 시작한 건.

똥깨는 자기가 잡혀먹힐 걸 알았을까? 알아서 떨고 있었던 걸까? 그런 생각이 들었다. 주어진 흐름에 아무런 의문 없이 순응한 결과, 똥깨는 자루에 갇혔고 결국 사라졌다. 도망칠 생각은 했을까?

사람의 인생도 마찬가지다. "남들이 하라는 대로, 남들이 옳다 말하는 대로" 살아가다 보면 자기도 모르게 자루 속에 갇힌다. 꿈도, 감정도, 판단력도 잃은 채, 그렇게 벌벌 떨며 살게 된다.

당신은 지금 어떤가? 남의 말에 흔들리고, 남의 시선에 좌우되고, 그러다 어느 날 거울 속 자신을 보며 묻게 된다. '나는 왜 이렇게 살고 있는 걸까?' 그러니 기억하자. 누구나 자기만의 기준과 감정, 그리고 판단이 있다. 그것이 흔들림 없이 뿌리내릴 때, 비로소 진짜 내 삶이 시작된다.

이 책은 인간관계 속에서 나를 지키며 말하는 법, 즉, '자루 밖으로 나오는 기술'을 이야기한다. 때로는 부드럽게, 때로는 단호하게 당신을 끌어내어 진짜 나로 살아가게 돕고 싶다. 내가 이 책을 쓰는 이유는 하나다. 내가 살아온 방식이, 누군가의 자루를 열어줄 수 있을지도 모르겠다는 마음 때문이다. 그러니 이렇게 말하고 싶다.

"스스로 답을 찾자. 당신이 생각한 것이 정답이다. 그리고 그 답을 말할 수 있는 용기를 갖자. 흐름에 휩쓸리지 말고, 내 삶은 내가 선택하고, 내가 책임지자."

미친년, 미친놈이라 불릴지라도 그 말이 나를 자유롭게 만들었다면, 그건 전혀 미친 게 아니다. 당신이 이 책을 선택한 건 우연이 아니다. 이제 함께 인생의 터닝포인트를 만들어보자. 모두 적용하긴 어렵겠지만,

당신 마음에 닿는 제목이나 문장이 있다면 그 한 줄을 음미하고, 삶에 조금씩 스며들게 해보자. 믿져야 본전이다. 선택은 자유다. 그리고 그 선택의 결과에 책임지는 것, 그게 진짜 어른이다.

| 목 차 |

서문 • 8

PART 1 : 진심을 전달하라

1_ 머리는 가득한데, 말이 안 나올 때 • 18

2_ 말보다 먼저 도착하는 메시지, 표정의 힘 • 23

3_ 가깝고도 먼 거리에서 피어나는 매력, 신비감 • 28

4_ 뇌는 우리가 무심코 한 말에 즉각 반응한다 • 34

5_ 아무도 멀어진다고 말하지 않았다,

그런데 왜 자꾸만 멀어질까? • 40

6_ 외로움과 고립이 아닌, 홀로 설 수 있는 내면의 힘 • 45

7_ 그건 사실 내 '생각'이 만든 공포였다 • 51

8_ 관계의 경계를 지키는 용기 • 57

9_ 진짜 끌림의 비밀 • 63

10_ 나는 진짜 '찐따'였을까? • 69

11_ 관계의 집착은 결국 나를 갉아먹는다 • 75

12_ 침묵이 이끄는 대화의 승부수 • 81

PART 2 : 관계 맺기의 기술

13_ 나를 초라하게 만드는 말들의 정체 • 88
14_ 품위 있게, 제대로 한 방 날리는 기술 • 94
15_ 진심은 말이 아니라 발걸음에서 드러난다 • 100
16_ 흔들려도 무너지지 않는 내면의 힘 • 106
17_ 지능이 높은 사람들은 특별함이 있다. • 111
18_ 나를 힘들게하는 사람들에게 단단히 선 긋기 • 116
19_ 건강한 손절의 기술, 인간관계 끊을 줄 알아야 산다 • 122
20_ 자신감을 근육처럼 벌크업시키는 방법 • 128
21_ 사람을 질리게 하는 사람, 혹시 나? • 134
22_ 고급스러운 '명품 인간'이 되고 싶다면 • 139
23_ 흔들리지 않는 편안함, 근거는 자신감 • 144

PART 3 : 상대를 대하는 마음

24_ 좋은 리더는 피드백이 아닌 피드포워드를 한다! • 150

25_ 칭찬을 받으면 고래처럼 춤을 춰야할까? • 155

26_ 직장에서 호구가 되지 않는 3가지 방법 • 160

27_ 실패한 리더들의 공통 특성

'소통부재+책임 회피+부정적 언행' • 166

28_ '도파민 폭발' 원하신다면 예쁘게 말하세요! • 172

29_ 매력적인 사람은 이기적인 삶을 사는 사람이다 • 178

30_ 저 친구 사회생활 잘하네...뭘 보고 판단? • 184

31_ 나는 존중받는 사람인가? 만만한 사람인가? • 190

32_ 내 감정을 내가 주도해야 세상이 달라진다 • 195

33_ 그 사람이 다시 보이는 이유, 지적인 말의 힘 • 202

34_ 내 자존감 높이려면 상대 자존감을 배려하라 • 207

35_ 스스로 잘 살고 있다고 답하려면 • 212

PART 4 : '말'을 잘한다는 것

36_ 말 잘하는 사람에게 떡 하나 더 준다 • 220

37_ 인간관계에서 상처받지 않고 잘 사는 방법 • 226

38_ 인구소멸 위기 극복 위한 이성 사로잡는 기술 대공개 • 233

39_ 순간 똑똑하게 보이게 말하는 3대 비법 • 239

40_ 핵인싸들의 '찐소통'에 담긴 3대 비밀 • 244

41_ 남들이 꺼리는 사람이 혹시 나라면? • 249

42_ 연인이 맞춤법을 틀리면 왜 오만정 떨어질까? • 254

43_ 자기관리 잘하는 사람이 '인싸'인 이유 • 259

44_ 눈치코치 이제그만! 말해야 내맘 안다 • 265

45_ 관계를 어색하게 만드는 사람들, 어떻게 대처? • 270

추천글 • 276

PART 1

진심을 전달하라

머리는 가득한데, 말이 안 나올 때

01

말문이 막히는 순간은 누구에게나 찾아온다. 머릿속은 전하고 싶은 말로 가득한데, 입 밖으로 꺼내려는 순간 아무 말도 떠오르지 않는 그 찰나. 회의 자리에서, 발표 중에, 혹은 중요한 사람과의 대화 속에서 그 순간은 어김없이 우리를 당황스럽게 만든다. 말이 막힌다는 건 단순히 단어가 떠오르지 않는 문제가 아니다. 그것은 마음 깊은 곳의 불안, 완벽주의, 혹은 관계에 대한 두려움이 말이라는 채널을 가로막는 복합적인 현상이다.

애플의 전 CEO이자 공동 창업자인 스티브 잡스는 이렇게 말했다. "단순함은 궁극의 정교함이다." 말이 막히는 순간도 마찬가지다. 결국, 말은 복잡한 머릿속 생각을 단순하게 정리해 전달하는 작업이다. 그 단순함이 정리되지 않으면 입은 쉽게 닫히곤 한다. 필자는 스피치 강의를 하며 수많은 사람들의 말막힘을 마주해왔다. 의외로 말을 잘하고 싶은 사람일수록 말문이 자주 막힌다. 말 한 마디에도 책임감을 느끼고, 상대방의 반응을 예민하게 인지하기 때문이다. 그런데 말막힘은 그 자체로 실패가 아니다. 오히려 그것은 '나답게 말하고 싶다'는 내면의 진심이 드러나는 순간이기도 하다.

심리학자들은 이를 '인지적 과부하(Cognitive Overload)' 현상이라고 부른다. 머릿속에 떠오른 생각이 너무 많아 정작 입 밖으로 꺼낼 말을 고르지 못하는 상태다. 2010년 콜롬비아 대학의 쉬나 아이엔가 교수는 '선택의 역설' 실험에서 선택지가 많을수록 오히려 결정을 내리지 못한다고 밝혔다. 말막힘도 같은 맥락일 수 있다. 생각이 너무 많으면, 오히려 아무 말도 못 하게 된다. 조 바이든 미국 전 대통령은 어린 시절 심각한 말더듬 증상으로 인해 또래 친구들과의 대화나 발표를 힘들어했다고 한다. 이를 극복하기 위해 거울 앞에서 시를 낭송하며 입 모양과 억양을 연습했고, 얼굴 표정을 관찰하기 위해 손전등을 켜고 훈련하기도 했다. 바이든은 훗날 "말더듬은 내 약점이 아니라, 인내와 연습을 통해 얻은 자산이었다"라고 회고했다. 그의 사례는 말막힘이 단순한 단점이 아닌, 끈기와 수용을 통해 극복할 수 있는 도전이라는 점을 잘 보여준다.

그렇다면 말막힘의 순간을 어떻게 돌파할 수 있을까?

첫째, 말을 잘하려는 욕심을 내려놓는 것이 시작이다. 30대 후반의 젊은 여성이 말막힘 증상으로 필자를 찾아와 훈련을 받게 되었다. 그녀는 늘 자신을 타인과 비교했고 훈련 도중 말을 더듬는 순간마다 자신을 원망하기까지 했다. 누구나 완벽할 수는 없다. 너무 잘 해야 한다는 욕심을 내려놓고 편안한 마음가짐을 갖자. 그 다음 일상의 언어로, 간결하게 말 연습을 해야 한다.

둘째, 침묵을 두려워하지 않는 자세가 필요하다. 말이 막히는 순간 약간의 정적이 흐르더라도, 그것은 부끄러운 일이 아니다. 오히려 청중은 그 정적 속에서 화자의 진심과 생각의 무게를 느낀다. 말을 잠시 멈췄다가 다시 이어가는 것도 충분히 매력적인 화법이 될 수 있다. 진실된 의사소통이 더 중요하다. 한 오디션 프로그램에서 무명가수가 노래를 부르다가 순간 멈춘 돌발상황이 발생했다. 필자도 그 장면을 TV로 숨 죽이며 지켜봤다. 그러나 잠시 후 다시 노래를 부르기 시작했고 모두가 뜨거운 박수를 보냈던 장면이 아직도 기억에 남는다.

셋째, 사전 연습과 상황 시뮬레이션은 매우 효과적이다. 머릿속 생각은 정리되어 있다고 느껴도, 실제 말로 표현하는 연습을 해보면 예상치 못한 말막힘을 경험하게 된다. 혼잣말로 말해보거나, 소리 내어 리허설하는 습관은 실전에 큰 도움이 된다. 필자 또한 강의 의뢰나 행사MC 요청을 받으면 시간 날 때마다 연습하고 촬영해 본다. 어떤 부분을 좀 더 개선하면 좋은지 그리고 현장 분위기를 상상하며 연습을 한다.

말막힘은 극복의 대상이 아니라 이해의 대상이다. 그 순간을 부끄러워하지 말고, 오히려 자신의 마음을 들여다보는 기회로 삼는다면, 말은 어느 순간 자연스럽게 흐르게 된다. 머릿속 생각과 입술 사이의 거리를 좁히는 일, 그것이야말로 진짜 말하기의 시작이다. "말이 막히는 건 뇌가 말을 고르고 있다는 신호다. 즉, 당신은 지금 무책임한 말 대신, 책임 있는 말을 준비 중이다." 그러니 당황하지 말자. 말은, 기다려주면 다시 흐른다.

말막힘 순간 극복방법

❶ 말을 잘하려는 욕심을 내려놓는 것이 시작이다.
❷ 침묵을 두려워하지 않는 자세가 필요하다.
❸ 사전 연습과 상황 시뮬레이션은 매우 효과적이다.

말보다 먼저 도착하는 메시지, 표정의 힘

02

우리는 하루에도 수십 번, 아니 수백 번의 표정을 짓는다. 대부분은 의식하지 못한 채 흘러가지만, 그 표정 하나하나는 말보다 먼저 우리를 말해주는 '비언어의 언어'다. 누군가를 처음 만났을 때, 말보다 먼저 상대에게 도착하는 것은 바로 표정이다. 상대의 미소가 마음을 녹이거나, 무표정이 거절처럼 느껴졌던 경험이 누구에게나 있다.

심리학자 앨버트 메러비언의 유명한 커뮤니케이션 연구에 따르면, 감정과 태도를 전달하는 데 있어 말의 내용은 단 7%에 불과하며, 목소리의 톤이 38%, 그리고 나머지 55%가 얼굴 표정과 몸짓이라는 결과가 나왔다. 즉, 우리가 아무리 좋은 말을 준비해도, 표정이 그 말과 다르면 메시지 자체가 왜곡되거나 무시될 수 있다는 뜻이다. 하버드 대학에서 진행된 한 흥미로운 실험도 이를 뒷받침한다. 연구팀은 같은 문장을 말하는 사람들에게 서로 다른 표정을 지으며 발표하게 했다. 결과는 놀라웠다. 참가자들은 내용보다 발표자의 표정에 더 큰 영향을 받아 감정의 진위를 판단했다. 특히 "감사합니다"라는 말을 웃는 얼굴로 들었을 때는 87%가 진심이라고 느꼈지만, 무표정으로 들었을 때는 23%만이 진심으로 받아들였다. 같은 말도 표정에 따라 전혀 다른 의미로 해석된다는 강력한 증거다.(하버드 법대 협상 프로그램 참고)

스피치 수업 중 한 수강생은 중요한 발표 때마다 '공손한 표정'을 지으려 애썼다. 그런데 그 표정은 상대에게는 지나치게 딱딱하게 느껴졌고, 오히려 거리감을 만들었다. 이후 그 수강생은 매일 아침 거울 앞에서 자신이 환하게 웃는 모습을 1분간 바라보는 연습을 시작했다. 몇 주 후, 발표에 임하는 얼굴이 훨씬 자연스러워졌고, 주변의 반응도 놀랄 만큼 긍정적으로 변했다. 실제로, '표정의 힘'으로 각인된 대표적인 인물로는 오프라 윈프리를 들 수 있다. 그녀는 방송인으로서의 역량뿐 아니라, 늘 따뜻하고 공감 어린 표정으로 시청자의 마음을 사로잡았다. 오프라가 인터뷰 중 짓는 미소와 고개 끄덕임, 눈을 지그시 마주치는 그 표정은 상대방에게 신뢰를 주었고, 수많은 스타들이 마음을 열고 깊은 이야기를 나누게 만든 힘이었다. 말보다 먼저 감정을 전달하는 그녀의 표정은 브랜드 그 자체가 되었고, 오늘날 전 세계적으로 가장 영향력 있는 여성 중 한 명으로 자리매김하게 된 배경 중 하나다.

	표정은 단지 얼굴의 근육 움직임이 아니다. 때로는 말보다 더 먼저, 더 깊이, 더 넓게 사람의 마음을 훔친다. 표정은 이성 간의 매력에서만 중요한 것이 아니다. 좋은 표정은 나이, 성별, 관계의 경계를 넘어서 모든 사람의 마음을 사로잡는다. 따뜻한 미소 한 번으로 마음의 경계를 허물고, 눈빛에 담긴 진심으로 신뢰를 얻게 된다. 그것은 마음의 상태가 흘러나오는 '심리적 창문'이다. 필자가 한 모임에 갔다가 앞에서 인도해 주시는 분과 눈이 마주쳤다. 이 여성분은 밝게 인사하는 필자를 관찰하듯 무표정으로 응시했다. '앞으로 저분은 피해야겠다'는 생각이 들었다. 일주일 후, 피하고 싶었던 그 분과 또 만나게 되었다. 원수는 외나무 다리에서 꼭 만나게 된다. 근데 이번엔 애써 미소지으려 노력하는 것이 아닌가. 그러나 억지미소는 탈을 부르는 법. 그 분의 얼굴에 작은 경련이 필자 눈에 고스란히 보였다. 안쓰러웠다. 밝은 표정은 상대의 마음을 열게 하지만, 굳은 얼굴은 말보다 더 큰 벽을 만들 수 있다. 우리는 종종 중요한 말을 전하려 할 때, 단어 선택에만 집중한다. 하지만 그 말이 실리는 표정이 진심을 담고 있지 않다면, 말은 공허한 메아리처럼 돌아온다.

그렇다면, 어떻게 좋은 표정을 만들 수 있을까? 간단한 방법 세 가지를 제시한다.
- 거울 앞 미소 연습: 매일 아침, 1분간 거울을 보며 환하게 웃어보자. 억지 미소라도 반복하면 뇌는 긍정적인 신호로 받아들이고, 실제 감정도 따뜻해진다.
- 영상 피드백: 발표나 말하는 모습을 스마트폰으로 녹화해보자. 표정이 내가 의도한 바와 일치하는지 확인할 수 있다.

- 눈웃음 훈련: 입꼬리만 올리는 미소가 아닌, 눈도 함께 웃는 표정을 의식적으로 연습해보자. 진짜 미소는 눈에서 시작되기 때문이다.

말의 완성은 언어가 아니라, 표정에서 시작된다. 말보다 먼저 전해지는 그 표정은 나의 생각보다도 더 솔직하게 나를 드러낸다. 신뢰를 얻고 싶다면, 말보다 먼저 표정을 준비하자. 말보다 먼저 도착하는 메시지, 바로 그것이 표정이다. 그리고 그 표정이 곧 나라는 사람을 말해준다. 오늘, 당신의 표정은 어떤 말을 대신 전하고 있는가?

매력적인 표정 만드는 법 3가지

❶ 거울 앞 미소연습: 매일 1분씩 꾸준히
❷ 영상 피드백: 스마트 폰으로 녹화
❸ 눈웃음 훈련: 미소는 눈에서 시작

가깝고도 먼 거리에서 피어나는 매력, 신비감

03

사람은 누구나 타인의 관심을 원한다. 아무리 많은 권력과 부를 갖고 있어도 마찬가지다. 우리는 누군가에게 인정받고 싶다. 관계를 맺고 싶고, 마음을 나누고 싶다. 하지만 역설적이게도 가장 강력한 관심을 끄는 사람은 모든 것을 내보이지 않는 사람이다. 그 사람은 어딘가 가려져 있고, 쉽게 다가설 수 없으며, 궁금증을 유발한다. 이때 등장하는 것이 바로 '신비감(mystique)'이다.

신비감은 단순한 말 수 없음이나 조용함을 의미하지 않는다. 그것은 상대에게 '더 알고 싶다'는 감정을 심는 기술이자 태도다. 반쯤 열린 문, 흐릿한 윤곽선, 선명하지 않아서 더 매력적인 실루엣처럼, 완전한 노출보다 적당한 여백은 상상과 호기심을 자극한다. 심리학에서는 이를 '정보 격차 이론(information gap theory)'이라 부른다. 인간은 자신이 알지 못하는 정보를 인지했을 때, 그것을 채우려는 본능적인 욕구를 느낀다. 이처럼 신비감은 일부러 비워둔 영역을 통해 상대의 내면을 끌어당긴다.

미국 심리학자 조지 로웬스타인은 실험을 통해 이러한 정보 격차가 인간의 집중력과 감정 반응을 어떻게 유도하는지를 밝혔다. 그는 강연 도입부에서 핵심 내용을 말하지 않고, 질문이나 단서만 던지는 발표자에게 사람들이 훨씬 더 오래 집중한다는 실험을 통해 "사람은 결핍된 정보를 더 강하게 인식한다"는 결론을 내렸다. 이것은 인간관계에도 그대로 적용된다. 모든 것을 다 말해주는 사람보다, 어딘가 감춰진 사람이 더 많은 집중과 관심을 유도한다는 것이다.

연예인 중에서도 신비감을 전략적으로 활용한 인물로는 배우 김태리를 들 수 있다. 그녀는 방송이나 인터뷰에서 과도한 사생활 노출 없이, 작품에 집중된 이미지를 유지해왔다. 팬들 사이에서 그녀는 '비현실적인 듯한 현실인물'로 불리며, 그 자체가 하나의 콘텐츠가 된다. 반면, 지나치게 사적인 이야기를 쏟아내는 스타는 일시적인 친근감을 줄 수는 있으나, 시간이 지날수록 매력이 휘발되기 쉽다. 관계가 가까워질수록 남겨진 여백의 유무는 오래된 호감과 피로감을 가르는 기준이 된다.

신비감을 유지하는 것에는 분명한 전략과 선택이 필요하다. 자신의 삶 전부를 공개하지 않으면서도 진심을 전할 수 있어야 한다. 침묵이 고요함으로 느껴지는 사람이 있는가 하면, 불편함으로 다가오는 사람도 있다. 그 차이는 상대를 향한 섬세한 배려에서 비롯된다. 신비감은 단순한 '비밀스러움'이 아니라 '지혜롭게 아껴 보여주는 태도'다. 핵심은 숨기는 것이 아니라, 무엇을 드러내고 무엇을 남겨둘지 아는 감각이다.

실제로 기업의 브랜딩 전략에서도 신비감은 중요한 요소다. 애플(Apple)은 제품 공개 전까지 철저한 비밀주의를 유지하며 기대감을 극대화한다. 반면, 과도하게 정보를 누설하거나 소문만 무성한 브랜드는 신뢰를 잃기 쉽다. 제품도, 사람도, 관계도 마찬가지다. 알듯 말듯한 긴장감은 때로 확실한 호감보다 더 오래 지속되는 매력을 선사한다.

필자는 한 쇼츠 컨텐츠에서 연인이 된 지 얼마 안 된 두 사람의 모습부터 오래된 연인의 모습을 보여주는 영상을 접하게 되었다. 처음엔 각자 신경쓴 옷차림과 서로 마주보며 대화 나누는 모습, 그런데 오래된 커플일수록 서로 쳐다보지도 않고 츄리닝에 핸드폰만 보는 모습이었다. 물론 이것이 나쁘다는 것이 절대 아니다. 그런데 결혼한 커플 중엔 서로 오래되었어도 연인처럼 지내는 부부들도 간혹있다. 얘기를 들어보면 각자의 취미를 즐기고 개인시간을 존중해 주는 등 선이 있는 경우가 공통 특징이었다. 모든 것을 다 공유해 버리면 편안함은 있지만 서로에 대한 기대감, 매력은 어느새 사라진다. 필자가 길을 지나가다가 간판에 부부치과, 부부 한의원 등을 보면 '든든하시겠다'보다 '괜찮으실까?' 이 생각이 먼저 드는 이유이기도 하다.

프랑스 작가 알베르 카뮈는 이렇게 말했다. "침묵은 나 자신을 지키는 가장 좋은 방법이다." 이 말은 단지 과묵하라는 뜻이 아니다. 자신만의 결을 지키며 살아가는 사람에게는 시간이 흘러도 바래지 않는 깊이가 있다. 모든 것을 공유하는 시대, 오히려 남겨둔 부분이 매력이 된다.

물론 관계란 결국 이해와 소통 위에 세워진다. 그러나 시작점에서의 신비감은 오히려 상대를 배려하는 기술일 수 있다. 과도한 자기노출은 부담을 주지만, 절제된 표현은 호기심과 존중을 함께 이끈다. 나를 조금씩 알아가게 하는 것, 그것이 관계를 오래도록 매력 있게 만드는 방식이다.

신비감은 거리감이 아니라, 온전히 보여주기 위한 시간차다. 즉, 당장 모든 것을 내어주는 대신, 서서히 드러내며 상대의 마음이 천천히 스며들 공간을 만드는 일이다. 매력은 결국, 알고 싶은데 아직 다 알지 못했다는 감정에서 비롯된다. 그리고 그 감정은, 오래도록 사람을 끌어당긴다.

신비감의 힘은 때로 첫인상보다 더 오래 지속된다. 누군가를 떠올렸을 때, 그 사람의 모든 것을 안다고 느끼면 흥미는 사그라들 수 있지만, 어딘가 풀리지 않은 매듭이 있는 사람은 계속해서 생각나게 만든다. 이러한 끌림은 연애뿐 아니라 인간관계 전반에서 유효하다. 적당한 거리와 절제가 주는 여백은 상대에게 스스로 다가갈 여지를 제공하고, 관계를 능동적으로 만들게 한다.

우리는 때로 너무 많은 것을 말하고, 너무 많은 것을 보여주며 관계를 망치곤 한다. 진짜 매력은 과시보다 절제에서 오고, 신비감은 그 절제의 가장 우아한 형태다. 말하지 않은 한마디, 보여주지 않은 단면, 알려주지 않은 이야기가 때로는 전부를 말해주는 것보다 더 깊이 상대의 기억에 남는다.

나만의 신비감 유지하는 비결

❶ 신비감은 지혜롭게 아껴보여주는 태도다.
❷ SNS 등에 사생활을 과도하게 노출하지 말자.
❸ 적당한 거리와 절제주는 언어표현을 활용하자.

뇌는 우리가 무심코 한 말에
즉각 반응한다

04

"나는 왜 이렇게 안 되지?"
"역시 난 안 되는 사람인가 봐."

 최근에 필자는 한 모임에서 어떤 여성분이 자신의 삶에 대해 얘기하는 것을 듣게 되었다. 그런데 이 분은 "저는 머리도 나쁘고 잘 하는게 없어요, 저는 너무 부족한 사람이라.." 처음에 한번 이 말을 했을 때는 그러려는 했는데 말할 때마다 이 멘트를 반복했다. 나름 겸손함을 표현하고 싶었을거다. 우리는 일상 속에서 생각보다 자주 자신을 깎아내리는 말을 한다. 그것이 농담이라 할지라도 그 말은 어디론가 흘러가지 않는다. 뇌는 우리가 무심코 내뱉은 말들을 고스란히 기억하고, 그것을 기준 삼아 행동을 설계한다고 한다. 말은 단순한 표현이 아니라, 뇌를 훈련시키는 신호라고 전문가들은 말한다.

 뇌는 농담과 진심을 구분하지 못한다. 우리가 "난 정말 한심해"라고 말하면, 뇌는 그에 걸맞는 감정과 반응을 만든다. 한마디가 몸과 감정의 방향을 결정짓는 셈이다. 이런 뇌의 특성은 스포츠 선수나 무대에 서는 사람들의 루틴에서도 확인할 수 있다. 올림픽 금메달리스트들의 훈련에는 반드시 '자기암시 언어 훈련'이 포함된다. 경기 전에 "나는 할 수 있다", "나는 이미 준비되었다"는 말을 반복하는 이유는, 뇌를 안정시키고 집중을 끌어내기 위해서다. 이것은 단지 운동선수에게만 국한된 이야기가 아니다. 직장인, 학생, 부모, 아이들까지 우리 모두에게 해당된다. 한 초등학교 교사는 매일 아침 아이들과 함께 "나는 오늘도 즐겁고 멋진 하루를 만들 거야"라고 말하는 시간을 갖는다. 몇 달 후, 학급 분위기는 눈에 띄게 밝아졌고, 자기 표현에 소극적이던 아이들이 먼저 손을 들기 시작했다. 아이들은 그 말이 사실인지 아닌지를 따지기 전에, 그 말이 자신이 되어버렸다고 했다. 말이 사람을 만든 것이다.

반대로, 늘 자신을 탓하는 언어는 뇌를 위축시킨다. 필자의 지인 중에는 늘 부정적인 말을 반복하는 분이 있었다. '나는 남편과 이혼했고 자식은 지적장애자라 키우기 너무 버겁고 나도 온몸이 아파 죽고싶어' 이 말을 수년째 반복했다. "왜 나만 이래?" "나는 원래 재수가 없어." 이런 말은 반복될수록 뇌에 부정적 회로를 강화시킨다. 이는 실제로 뇌의 시냅스 연결 패턴을 변화시키며, 자기 효능감을 떨어뜨리는 결과를 낳는다. 결국 우리는 우리가 가장 자주 말한 것처럼 살아가게 된다.

더욱 무서운 건, 이 언어 습관은 타인에게도 영향을 미친다는 점이다. 부모의 말투는 아이의 뇌를 형성하고, 상사의 말투는 조직 분위기를 만들며, 배우자의 언어는 부부 사이의 정서적 기후를 결정짓는다. 예를 들어, "그걸 왜 그렇게밖에 못해?" 이 말은 단순한 비판을 넘어서, 듣는 사람의 뇌에 자존감의 상처를 남긴다. 결국 말 한 마디가 관계를 좋게도, 나쁘게도 만드는 셈이다. 유명 연예인들 중 수많은 악플러에 시달리다 극단적인 선택을 하는 경우도 있다.

자신의 언어를 돌아봐야 한다. 내가 나에게 어떤 말을 건네고 있는지, 누군가에게 어떤 말을 전하고 있는지를 점검할 필요가 있다. 여러분은 누군가 무심코 내뱉은 말에 상처를 받고 있는가? 아니면 상처를 주고 있는가? 말은 뇌를 훈련시키고, 훈련된 뇌는 삶을 이끈다. 말이 곧 방향이다. 그렇다면 어떻게 해야 좋을까? 현실적인 대안은 의외로 간단하다.

첫째, 부정적인 말 대신 중립적인 문장으로 바꾸는 연습을 해보자. 예를 들어 "나는 왜 이렇게 못하지?" 대신 "지금은 조금 어렵지만, 익숙해지면 나아질 거야"처럼 말이다. 단순한 어휘의 조정이지만, 뇌는 그것을 전혀 다르게 받아들인다. 특히 필자는 '조금'이란 말을 많이 활용한다. '존나', '졸라', '짱' 등 아주 많이를 뜻하는 비속어의 비중도 줄이자.

둘째, 하루에 한 문장이라도 아침에 거울을 보며 "나는 충분히 괜찮은 사람이다"라고 말해보는 것만으로도 뇌는 새로운 회로를 연결하려고 한다. 자기 암시는 과장이 아니라 훈련이다. 처음에는 어색하더라도, 그 말이 일상으로 녹아들면 생각과 행동도 그에 맞춰 변하기 시작한다.

셋째, 타인에게도 말의 힘을 선물하자. "넌 참 괜찮은 사람이야", "네 덕분에 하루가 좋아졌어." 이런 말은 나의 뇌뿐 아니라 상대의 뇌까지 변화시킨다. 뇌는 정서적 연결 속에서 가장 활발하게 성장하기 때문이다. 진심 어린 말 한 마디는 때로 약보다 더 큰 치유력을 가진다.

언어는 일상의 공기다. 우리는 늘 그 안에 살고 있지만, 그 중요성을 쉽게 잊곤 한다. 하지만 뇌는 절대 잊지 않는다. 우리가 내뱉은 말을 전부 기억하고, 그것을 근거로 삶의 방향을 그려나간다.

말은 마음을 다독이는 약이고, 의식을 훈련하는 도구이며, 뇌를 설계하는 설계도다. 지금, 어떤 말을 선택할 것인가. 그 선택이 나의 내일을 만든다.

뇌는 우리가 무심코 한 말에 즉각 반응한다

❶ 부정적인 말 대신 중립적인 문장으로 바꾸는 연습을 해보자
❷ '자기 격려 문장'을 반복하자.
❸ 타인에게도 말의 힘을 선물하자.

아무도 멀어진다고 말하지 않았다,
그런데 왜 자꾸만 멀어질까?

05

어느 날부터인가 사람들이 나와 조금씩 거리를 두기 시작한다. 누가 먼저 연락을 끊은 것도 아니고, 특별히 다툼이 있었던 것도 아니다. 그저, 예전보다 침묵이 많아졌고, 대화의 온도가 낮아졌으며, 함께 있는 시간이 줄어들었다. 그런데 문득 깨닫게 된다. 아무도 내게서 멀어진다고 말하지 않았지만, 분명히 멀어지고 있다는 것을.

우리는 관계가 멀어지는 원인을 흔히 '상대의 문제'로 돌리기 쉽다. '바빠졌나 보다', '다른 친구가 생겼겠지', '예민하네', '변했네.' 그러나 조금만 시선을 내 안으로 돌려보면, 이유의 단서가 의외로 가까이에 있음을 알게 된다. 말투 하나, 표정 하나, 반응 하나가 때로는 관계를 서서히 식히고, 그 온도의 변화는 나도 모르게 사람을 밀어낸다.

사람들이 조용히 멀어지는 데에는 여러 이유가 있다. 그 중 첫 번째는, 상대방이 나와 함께 있을 때 편하지 않다고 느낄 때이다. 관계는 본능적으로 편안함을 추구한다. 내가 너무 강하게 주장하거나, 자주 비판하거나, 혹은 감정 기복이 심하다면 상대는 말없이 거리를 두기 시작한다. 누군가는 불편하다는 말을 하지 않고 자리를 피하고, 누군가는 자꾸만 바쁜 척하며 나와의 접점을 줄인다.

두 번째 이유는 내가 진짜 관심을 보이지 않았기 때문이다. 우리는 듣는 척하면서 말하고, 관심 있는 척하면서 건너뛴다. 대화를 할 때 스마트폰을 손에 쥐고 있거나, 상대가 말하는 동안 눈이 딴 데 가 있다면, 그건 무언의 거절로 느껴진다. 특히 연인사이의 경우, 애정이 식었다고 생각하기에 갈등과 이별의 원인이 된다. 상대방은 자신이 투명인간이 된 것 같은 기분을 느끼고, 그 기분은 곧 관계의 해빙기로 이어진다.

　세 번째는 내가 언제나 내 이야기만 했기 때문이다. 누구나 자신의 이야기를 하고 싶어 한다. 하지만 대화가 늘 나의 고민, 나의 문제, 나의 이야기로만 채워진다면, 상대는 점점 흥미를 잃는다. 듣는 사람도 숨쉴 틈이 필요한 법이다. 친밀한 대화란, 내 말이 끝났을 때 자연스럽게 상대의 말이 이어지는 흐름이다. 요즘 말로 '티키타카'(주거니 받거니가 잘 되는 대화)가 잘 되는 관계이다. 내가 혼자만 목소리를 내고 있었다면, 그 대화는 소통이 아닌 독백이 된다. 그렇다면, 멀어진 관계를 어떻게 다시 따뜻하게 만들 수 있을까. 혹은 지금 곁에 있는 사람과 건강한 거리를 지키며 오래갈 수 있을까. 아래 세 가지 작은 실천이 시작점이 될 수 있다.

　첫째, '나의 말투와 표정 점검하기'다. 나는 괜찮다고 생각했지만, 무심한 말투와 감정없는 무표정이 상대에게 상처를 주었을지도 모른다. 만남 하기 전후 스스로에게 다짐과 점검을 하자. '오늘 친구와 만날 때 더 따뜻하고 편안하게 대화해야지.' '오늘 나는 이 친구를 위해 충분히 배려했을까?' 내 말은 내 입에서 나올 때보다, 상대의 마음에 닿았을 때 의미가 만들어진다.

둘째, '진짜 관심을 표현하는 질문 건네기'다. "요즘 어때?" 같은 형식적인 인사 대신, "그때 얘기했던 그 일은 잘 풀렸어?" 처럼 맥락을 담은 질문은 상대의 마음을 연다. 만나기로 한 사람이 지난번 직장상사로 인해 스트레스를 받는다고 말했을 때, "지난번 그 상사와 관계는 어떠니? 여전하니?" 멀리 여행 다녀온 친구에게 "여행은 재밌었어? 어디가 제일 좋았어? 궁금해!" 관심은 말보다 기억에서 온다. 작은 기억 하나가 관계를 이어주는 다리가 된다.

셋째, '내 이야기를 줄이고 상대의 말을 기다리기'다. 대화는 줄다리기가 아니다. 내가 말을 멈추고 기다릴 때, 상대는 나를 신뢰하기 시작한다. 어색한 침묵을 두려워하지 말자. 그 침묵은 때로 가장 진실한 대화의 예고편일 수 있다. 다만 이때 상대가 말할 때까지 핸드폰을 본다거나 한숨쉬기, 다른 곳 쳐다

보기 등 산만한 행동은 자제하자. 이건 좋은 의도의 침묵이 아니라 갈등과 오해의 지름길이다.

사람이 사람에게서 멀어지는 데에는 큰 사건이 필요하지 않다. 작은 불편함, 반복되는 오해, 사소한 무심함이 쌓여 마음의 거리를 만든다. 그리고 그 거리는 물리적 거리보다 훨씬 멀게 느껴진다. 관계는 언젠가 멀어질 운명이 아니라, 매일 새롭게 다듬어야 하는 살아 있는 감정이다. 누군가가 조용히 멀어지고 있다면, 그 침묵 속에 담긴 마음의 신호를 먼저 읽어야 한다. 말하지 않아도 느낄 수 있는 사람이 되기보다, 말하게 만들 수 있는 사람이 되는 것. 그것이 진짜 가까운 사람이다.

> 아무도 멀어진다고 말하지 않았다,
> 그런데 왜 자꾸만 멀어질까?
>
> 첫째, '나의 말투와 표정 점검하기'
> 둘째, '진짜 관심을 표현하는 질문 건네기'
> 셋째, '내 이야기를 줄이고 상대의 말을 기다리기'

외로움과 고립이 아닌,
홀로 설 수 있는 내면의 힘

06

우리는 흔히 '외향적이고 밝은 사람'이 관계를 잘 맺는다고 생각한다. 늘 유쾌하고, 분위기를 주도하고, 말수가 많은 사람이 관계의 중심에 서는 것처럼 보인다. 하지만 조용하고 묵묵한 사람이 만든 따뜻한 관계들도 있다. 말이 많지 않아도 편안하고, 화려하지 않아도 오래가는 관계. 그 중심에는 '혼자서도 잘 지내는 사람'이 있다.

혼자 있는 시간을 두려워하지 않는 사람은, 타인의 존재에 목매지 않는다. 그렇기에 상대를 억지로 끌어당기려 하지 않고, 조급하게 다가가려 하지도 않는다. 이런 사람들은 자신과 잘 지내는 법을 알기에, 누군가와 함께 있을 때도 부담스럽지 않다. 관계에 목마르지 않은 사람이 주는 여유는, 함께 있는 이에게도 깊은 안정감을 준다. 혼자있는 것을 유독 못 견디는 사람들이 있다. 이런 사람들의 특징은 늘 누군가와 만남을 잡아야 되고 불안감을 가지고 있는 경우가 많다. 막상 친구에게 연락이 오면 다운되었던 기분이 바로 좋아지고 헤어진 후에는 다시 외로움이 급격히 밀려드는 패턴이 반복된다.

혼자 잘 지낼 줄 아는 사람은, 감정의 쓰레기통을 타인에게 넘기지 않는다. 자신의 기분을 먼저 정리할 줄 알고, 감정의 언어를 섣불리 던지지 않는다. 그렇기에 그는 쉽게 상처를 주지 않고, 쉽게 상처받지도 않는다. 과거, 필자가 한 여성분과 잠시 함께 국제행사관련 프로젝트를 진행했던 적이 있었다. 이분과 몇 개월 함께 일을 하면서 당황스러운 일들이 생겼다. 업무로 파일을 업체에 보내는 과정에서 파일명을 수정하지 않았다는 이유로 동료직원에게 쓰나미같은 분노를 쏟아냈다. 또, 행사장소 섭외에 난항을 겪게 되자, 담당자에게 찾아가 설득하는 과정에서 울분을 터뜨리며 온몸을 떨기도 했다. 그 모습을 옆에서 지켜보면서 '참 프로답지 못한 분이구나' 안타까웠다. 이분은 이 프로젝트가 끝난 후 얼마 지나지않아 해임되었다. 관계는 결국 서로를 다루는 섬세함에서 피어난다. 그 섬세함은 고요한 자기 성찰에서부터 시작된다.

사람들과 어울리되, 나 자신을 잃지 않는 사람. 누군가와 있을 때도, 혼자 있을 때도 온전한 사람. 이런 이들은 필요 이상으로 자신을 설명하지 않는다. 말보다 표정으로, 행동보다 눈빛으로 진심을 전한다. 그들의 관계는 요란하지 않지만 깊다. 떠들썩하지 않지만 오래간다. 자신이 업적을 과하게 말하는 사람들이 있다. 다른 이에게 말할 기회를 주지 않고 계속 자신이 어떤 사람인지 장황하게 말한다. 이런 사람과 함께 대화를 하고 나면 피로감이 절로 쌓이게 된다. 어쩌면 외로워서 더 인정받고 싶어서 혼자 견딜 힘이 없어서 몸부림 치는 것은 아닐까.

혼자 잘 지내는 것이 모든 외로움의 해답은 아니다. 고요함을 즐기지 못한 채 혼자 있음에 익숙해져버리면, 관계로 나아가는 문을 닫게 되기 쉽기 때문이다. '혼자 있는 것'과 '혼자일 수밖에 없는 것'은 분명 다르다. 내면이 충만한 사람은 고요함 속에서도 따뜻하고, 관계 속에서도 자유롭다. 핵심은 홀로 있는 시간에서 자신을 채우는 일이다.

이런 사람은 필요할 때 다정하게 다가가되, 상대가 물러나도 불안해하지 않는다. 관계를 소유물이 아닌 연결의 한 형태로 보기 때문이다. 그래서 혼자 있는 시간에 자신을 성장시킬 줄 알고, 함께 있는 시간엔 상대를 존중할 줄 안다. 진정한 친밀감은 바로 이런 사람에게서 비롯된다. 그렇다면 혼자 있는 시간을 건강하게 가꾸는 것이, 어떻게 좋은 관계로 이어질 수 있을까? 아래 세 가지 실천은 혼자의 시간과 타인과의 관계 사이의 균형을 만드는 데 도움이 될 것이다.

첫째, '스스로를 돌보는 시간을 생활화하기'. 혼자 잘 지내는 사람은 스스로를 존중한다. 좋아하는 것을 찾아 시간을 쓰고, 마음이 기댈 구석을 스스로 마련한다. 감정을 무시하지 않고 살핀다. 이 과정에서 자신에 대한 이해가 깊어지고, 그 이해는 타인에 대한 공감으로 확장된다.

둘째, '고요한 시간 속에서 내 감정을 언어로 정리해보기'. 감정을 말로 정리하는 능력은 관계에서의 표현력을 길러준다. 나를 알아야 상대도 이해할 수 있다. 일기나 메모, 또는 내 마음을 정리하는 사적인 글쓰기를 통해 감정의 지도를 그려보자. 내가 내 마음을 먼저 읽어낼 수 있을 때, 타인의 마음에도 다가갈 수 있다.

셋째, '누구에게나 의지하지 않아도 되는 마음의 독립성 기르기'. 인간관계는 의존이 아닌 선택이 될 때 가장 건강하다. 나를 채우기 위해 누군가를 찾기보다, 함께 나누고 싶은 무언가가 생겼을 때 타인을 찾는 것이 바람직하다. 혼자 있는 시간을 사랑할수록, 함께 있는 순간도 더 소중해진다.

그리고 하나 더. 자기만의 조용한 루틴을 갖는 것도 도움이 된다. 아침에 따뜻한 차를 마시는 것, 자기계발을 위해 배우기, 건강을 위해 운동하기, 영화, 독서 등 취미활동하기. 이런 작은 습관들이 자신을 고요하고 단단하게 만든다. 그 고요함은 관계 속에서도 여유로 이어진다.

우리는 모두 누군가와 연결되길 원한다. 그러나 진짜 좋은 관계는, 외로움을 해소하기 위한 수단이 아니라, 각자의 고요한 자립 위에 놓이는 다리다. 혼자 있는 법을 아는 사람만이, 진짜로 함께할 줄 안다. 혼자일 수 있는 사람은, 그 어떤 관계에서도 자유롭고 따뜻할 수 있다.

> ### 외로움과 고립이 아닌, 홀로 설 수 있는 내면의 힘
>
> 첫째, '스스로를 돌보는 시간 생활화' – 혼자 잘 지내는 사람은 스스로를 존중한다.
>
> 둘째, '고요한 시간 속에서 내 감정을 언어로 정리' – 감정을 말로 정리하는 능력은 관계에서의 표현력을 길러준다.
>
> 셋째, '누구에게나 의지하지 않아도 되는 마음의 독립성 기르기' – 인간관계는 의존이 아닌 선택이 될 때 가장 건강하다.

그건 사실 내 '생각'이 만든 공포였다

07

사람들은 말한다. 일이 많아서 스트레스야, 이 사람 때문에 힘들어, 상황이 버거워. 물론 일도 사람도 상황도 우리의 어깨를 무겁게 만들 수 있다. 하지만 정작 우리를 가장 지치게 만드는 건, 그 일을 바라보는 '내 생각', 그 사람을 떠올릴 때의 '내 해석', 그리고 그 순간을 받아들이는 '내 마음'이다. 스트레스는 밖에서 오는 듯 보이지만, 사실은 내 안에서 만들어지는 경우가 많다.

인간의 뇌는 생존에 최적화된 방식으로 작동한다. 우리의 뇌, 특히 편도체(amygdala)는 아주 오래전 원시시대부터 '위험'을 감지하고 반응하는 경보장치 역할을 해왔다. 원시인은 덤불 속에서 들리는 낯선 소리에 즉각 긴장했고, 맹수를 만났을 때 온몸에 아드레날린을 쏟아 부었다. 그 덕분에 그는 살아남을 수 있었다. 문제는 지금 이 시대에도 우리의 뇌는 여전히 그 '원시적 시스템'을 유지하고 있다는 것이다.

이제 우리는 더 이상 사자를 피해 도망치지 않는다. 하지만 상사의 말 한 마디, 문자에 담긴 짧은 말투, 혹은 내일 있을 발표와 같은 사소한 자극에도 뇌는 여전히 위협 신호를 감지한다. "이건 위험해. 부끄러움을 당할 수 있어. 혼날 수도 있어." 뇌는 실제가 아닌 가능성에도 과잉 반응하고, 그 반응은 곧바로 신체적 스트레스로 이어진다. 심장은 빨리 뛰고, 손바닥은 땀이 차고, 몸은 경직된다. 그리고 마음은 혼란을 느낀다.

더욱 흥미로운 건, 그 위협은 대개 '생각'에서 비롯된다는 점이다. "이번에 실수하면 큰일이야." "사람들이 나를 싫어할 거야." "이렇게 해서 언제 성공하겠어." 이러한 문장은 뇌에게는 곧 경고음이다. 뇌는 이 생각을 현실로 받아들이고, 생존모드에 돌입한다. 그리고 그 생존모드는 우리를 불안하게 만들고, 조급하게 만들며, 때로는 무기력하게 만든다.

고등학교때 친구가 피아노과 입시를 치룬 후 에피소드를 말해주었다. 친구는 평소에도 조금만 긴장해도 수전증과 다한증이 생겨 손수건을 늘 들고 다녔다. 실기시험 당일날, 최선을 다해 피아노 연주를 잘 마쳤지만 역시 너무나 많은 긴장 탓에 피아노 건반이 땀에 흥건히 젖었다고 했다. 문제는 그 다음 수험번호였던 학생이었다. 친구가 흘린 땀으로인해 건반이 너무 미끄러워 실수가 많았고 결국 불합격했다고 했다. 참 웃픈 이야기였다.

만약 출근길 지하철에서 누군가 나를 흘깃 쳐다본다. 그 순간 "내 옷에 뭐 묻었나? 이상해 보였나? 나를 무시한 건가?"라는 생각이 스치면, 뇌는 이를 위협으로 간주하고 긴장 상태로 돌입한다. 사실 그 사람은 그저 멍하니 앞을 본 것일 수도 있고, 생각에 잠긴 것일 수도 있다. 하지만 나의 해석 하나로 하루의 컨디션이 무너질 수 있다.

일상 속 스트레스의 상당수는 이렇듯 '내가 만든 드라마'에서 비롯된다. 실제보다 더 과장된 해석, 일어나지 않은 일에 대한 걱정, 그리고 나 자신에 대한 부정적 평가가 뇌를 지속적으로 긴장하게 한다. 말하자면, 우리는 매일같이 우리 안의 원시인에게 "지금 위험하니까 몸을 굳혀!"라고 지시하는 셈이다.

그렇다면 이 생존 본능을, 더 이상 나를 해치지 않도록 다루는 법은 없을까?

첫째, 생각을 사실로 믿지 말자! 모든 생각이 진실은 아니다. 생각은 정보가 아니라 해석일 수 있다. 머릿속에 부정적인 문장이 떠오를 때, 그것이 정말 현실인지, 아니면 내가 만들어낸 이야기인지 스스로에게 물어보자. 때로는 생각을 한 발짝 물러서서 바라보는 것만으로도 뇌는 위협 반응을 멈춘다.

둘째, 몸의 반응을 인식하고 이완시키자! 뇌가 위험을 감지하면 몸은 먼저 반응한다. 긴장된 어깨, 조여오는 턱, 굳은 손끝. 이럴 땐 의식적으로 몸을 풀어주자. 깊게 숨을 들이쉬고 천천히 내쉬는 호흡, 어깨를 돌리며 이완시키는 동작만으로도 뇌는 안전하다고 인식한다. 몸이 풀리면 생각도 풀리기 시작한다. 지금 내가 스트레스를 받고 있구나 인식하는 것은 매우 중요하다. 이것만으로도 충분히 뇌의 전전두엽을 활성화시켜 스트레스를 완화시킬 수 있게 된다.

셋째, 마음에 건네는 말 바꾸기이다. 뇌는 말의 진위를 따지지 않고, 자주 듣는 말을 그대로 받아들인다. "나는 못할 거야"가 아니라, "조금만 노력하면 괜찮을 거야"로 바꿔보자. 말투가 바뀌면 뇌의 반응도 바뀐다. 뇌는 내가 건네는 말을 스크립트 삼아, 내 감정을 연출한다. 필자는 말의 조심성을 매우 중요시 여기는 편이다. 힘들어도 과격한 언어사용을 자제하거나 생각의 전환을 통해 전전두엽을 활성화시키려 노력하고 있다. 부정적인 언어보다는 긍정적인 언어를, 힘든 상황이 생기면 영화나 운동 등 다른 일에 몰두하는 등 말과 상황을 바꾸면 감정이 서서히 안정화될 수 있다.

마지막으로, 스트레스는 완전히 없앨 수 없다는 사실을 받아들이자. 중요한 건 스트레스를 없애는 것이 아니라, 다루는 방법을 배우는 것이다. 내가 만드는 생각을 알아차리고, 반응을 늦추고, 말을 바꾸는 것. 그것이 원시인의 뇌를 가진 우리들이 지금 시대를 살아가는 가장 현명한 방식이다.

우리가 하는 말 한 마디, 떠오르는 생각 하나가 뇌에게는 경고이자 지시가 된다. 그러니 오늘 하루, 이렇게 말해보자. "괜찮아, 지금은 안전해. 그저 스쳐지나갈 상황일뿐이야. 침착하게 잘 할 수 있어." 그렇게 말하는 순간, 뇌는 조금씩 안심하기 시작할 것이다.

그건 사실 내 '생각'이 만든 공포였다

첫째, 생각을 사실로 믿지 말자! 모든 생각이 진실은 아니다.
둘째, 몸의 반응을 인식하고 이완시키자! 뇌가 위험을 감지하면 몸은 먼저 반응한다.
셋째, 마음에 건네는 말 바꾸기이다. 뇌는 말의 진위를 따지지 않고, 자주 듣는 말을 그대로 받아들인다.

관계의 경계를
지키는 용기

08

문득 이런 생각이 들 때가 있다. "왜 이렇게 힘들지? 나는 왜 이렇게 관계에 지치는 걸까?" 어쩌면 그 답은 아주 단순할지도 모른다. 우리는 모두와 잘 지내야 한다는 무언의 압박을 받으며 살아왔기 때문이다. 학교에서도, 직장에서도, 심지어 가족 안에서도. 그러나 진실은 이렇다. 우리는 모두와 잘 지낼 필요가 없다.

철학자 아르투어 쇼펜하우어는 이렇게 말했다. "대다수 인간은 사교적일 수밖에 없다. 그들은 고독을 견딜 수 없기 때문이다." 고독을 견디지 못해 억지로 관계를 붙잡는 것은, 결국 자신을 소모시키는 일이다. 때로는 홀로 서는 용기가 무리 속에 머무는 노력보다 더 큰 성숙을 의미한다.

수강생 중에 유독 "죄송합니다"를 습관적으로 내뱉는 학생이 있었다. 죄송한 부분에 대해서 개선이라도 하면 좋은데 변화는 없었다. 문제는 상대방이 느끼기에 미안할 일이 아닐 때조차도 이 말을 반복적으로 사용했다는 점이다. 건강한 관계에 있어 이 언어를 자제하자고 권유했으나 반응은 "아~~네, 반복해서 죄송합니다"였다.

모두와 잘 지내려는 마음은 선한 의도에서 시작된다. 갈등을 피하고 싶고, 미움을 사기 싫고, 좋은 사람으로 기억되고 싶다. 그러나 이 선한 마음이 지나치면, 우리는 스스로를 지우게 된다. 싫은 말도 삼키고, 부당한 대우도 감내하며, 억지 웃음을 짓는다. 그리고 서서히 관계에 대한 피로가 쌓인다. 결국 어느 순간, 인간관계 자체를 피하고 싶어진다.

일상에서도 회식 자리에 불참하면 눈치를 보게 되고, 단체 대화방에 반응을 늦게 하면 어색함을 느끼고, 친하지 않은 사람의 부탁을 거절하지 못해 억지로 시간을 내는 일. 이런 작은 일들이 쌓이며 우리는 스스로를 몰아붙인다. '나는 왜 이 사람과도 잘 못 지내지?' 그러나 질문을 바꿔야 한다. '나는 왜 이 사람과 잘 지내야만 하지?'

관계란 '잘 지내야 할 사람'과 '거리를 둬야 할 사람'을 구분하는 것에서 시작된다. 모두에게 친절할 수는 있다. 그러나 모두와 가까워질 필요는 없다. 중요한 것은, 나를 지키면서 타인을 존중하는 것이다. 거리를 두는 것은 무례가 아니다. 오히려 서로에게 필요한 건강한 경계다. 그렇다면 어떻게 해야 모두와 잘 지내야 한다는 강박에서 벗어나, 진짜 의미 있는 관계를 만들어갈 수 있을까? 다음 세 가지가 작은 시작이 될 수 있다.

첫째, '거절하는 용기 기르기' 부탁을 거절하는 것은 상대를 미워해서가 아니라, 나를 지키기 위해서다. 모든 요청에 "네"라고 답할 필요는 없다. 때로는 "미안하지만 어렵겠어"라는 말이 관계를 더 건강하게 만든다. 거절은 단절이 아니라, 존중의 또 다른 형태다. 필자는 어떤 부탁을 받을 때 내 시간을 줄이면서까지 그 부탁을 수용하진 않는다. 물론 이 경우 서로 긴장감이 생길 수 있다. 그러나 상대가 '이 사람은 경계가 명확한 사람이구나' 인식하는 계기가 된다. 장기적으로 건강한 관계형성에 있어 초석이 될 수 있다.

둘째, '내 사람과 내 사람 아닌 사람 구분하기' 누구에게나 내 편은 많지 않다. 억지로 모두를 내 편으로 만들려고 애쓸 필요가 없다. 마음이 통하는 사람에게는 마음을 열고, 그렇지 않은 사람에게는 예의를 지키며 거리를 두는 것. 이 단순한 원칙이 관계의 균형을 지켜준다. 모두에게 스트레스를 받아가며 억지로 선을 베풀지 말자. 오랜 관계도 쉽게 틀어질 수 있다. 남은 남이란 생각을 인정해야 한다.

셋째, '고독을 두려워하지 않기' 때로는 혼자 있는 시간이 관계의 질을 높인다. 외로움과 고독은 다르다. 외로움은 누군가를 필요로 하지만, 고독은 나를 돌보는 시간이다. 고독을 잘 견디는 사람만이 진짜 좋은 관계를 맺을 수 있다. 혼자 잘 지낼 수 있는 마음의 구심력을 키워야 한다. 필자는 이 점을 매우 중요시 여긴다. 혼자 잘 지내는 사람은 누군가와도 잘 지낸다. 관계가 틀어져도 중심은 흔들리지 않기에 건강한 자신의 삶을 살아갈 수 있다. 사람이 주는 위로는 클 수는 있지만 후회도 그만큼 큰 법이다.

실제 사례를 보자. 직장인 A는 모든 동료들과 좋은 관계를 유지하려 애썼다. 그러나 어느 순간 업무보다 인간관계에 더 많은 에너지를 쓰고 있다는 걸 깨달았다. 그는 과감하게 결심했다. 점심을 혼자 먹어도 괜찮다고, 퇴근 후 단체 모임에 참석하지 않아도 괜찮다고. 처음엔 어색했지만, 시간이 지나자 진짜 가까운 몇몇 동료와의 관계가 훨씬 깊어졌다. 얕은 친밀감을 나누느라 소모되던 에너지가 줄어들자, 오히려 일에 대한 만족도도 높아졌다.

모든 사람에게 사랑받을 수는 없다. 그리고 사랑받을 필요도 없다. 인간관계는 다다익선이 아니다. 오히려 적당히 걸러지고 다듬어질 때, 그 관계는 비로소 깊고 단단해진다. 그 대신 나와 잘 지내자. 나를 존중하는 마음이 타인과의 관계를 더 건강하게 만든다. 관계에 지쳤을 때, 마음속에 이렇게 속삭여 보자.

"나는 모두의 사람이 아니다. 진짜 나를 사랑해줄 사람은 바로 나 자신이다."

관계의 경계를 지키는 용기

첫째, '거절하는 용기 기르기' 부탁을 거절하는 것은 상대를 미워해서가 아니라, 나를 지키기 위해서다.

둘째, '내 사람과 내 사람 아닌 사람 구분하기' 누구에게나 내 편은 많지 않다.

셋째, '고독을 두려워하지 않기' 때로는 혼자 있는 시간이 관계의 질을 높인다.

진짜 끌림의
비밀

09

요즘은 SNS를 열기만 해도 예쁜 얼굴, 완벽한 몸매, 아이돌이 울고갈 정도로 멋진 외모를 가진 사람들로 넘쳐난다. 마치 매력이라는 것은 오직 겉모습에서 결정되는 것처럼 느껴진다. 하지만 묻고 싶다. "당신은 정말로 외모만으로 사람에게 끌렸는가?"

필자는 사람구경하는 것을 참 좋아한다. 까페에 가서 커피 한잔마시며 세상을 구경하고 귀를 열어 듣곤 한다. 까페로 가는길, 오늘따라 한 커플이 눈에 들어왔다. 다이어트가 많이 필요할 것 같은 체격을 가진 남녀. 서로 너무 좋았는지 남자 무릎에 여자친구가 앉아 서로 얼굴을 가까이 대고 달콤한 대화를 하고 있었다. '남자 다리에 쥐가 날 것 같은 상황인데 행복해 보이네' 서로의 매력에 푹 빠져있는 연인의 모습이 인상적이었다.

우리는 예상치 못한 순간에 평범해 보이는 사람에게 마음이 가는 경험을 한다. 따뜻한 눈빛, 자연스러운 웃음, 편안한 대화. 이런 것들이 더 오래 기억에 남고, 더 깊은 끌림을 만든다. 매력은 얼굴이 아니라, 얼굴을 넘어 나오는 온기에서 만들어진다.

프랑스 속담에 이런 말이 있다. "아름다움은 보는 이의 눈

속에 있다." 누군가는 조용히 책을 읽는 뒷모습에 반하고, 누군가는 따뜻하게 내 이름을 불러주는 목소리에 반한다. 결국 매력은 객관적 기준이 아니라, 나에게 어떤 감정을 일으키는가에 달려 있다.

고등학생 때 중창단에서 함께 활동했던 한 멤버가 있었다. 이 친구는 누가봐도 공부만 매우 잘 하게 생긴 친구였다. 실제로 공부를 매우 잘했다. 어느날 공연을 마치고 이 친구가 "남자친구가 늦은 저녁 위험하다며 데리러 온대." 안 위험할 것 같았지만 모두 남자친구가 온다니 구경차 같이 기다렸다. 잠시 후 그녀의 남친이 나타났다. 모두가 이구동성으로 "진짜 남친 맞아?" 키도 크고 멋진 외모에 서로 믿을 수 없다는 듯이 눈빛을 주고받으며 놀랐었다. 그때는 참 이해가 안 되었지만 사람의 매력이란 것이 얼마나 중요한지 그때 알게 되었다.

직장인 A씨는 소개팅을 여러 번 했지만, 외모로만 기대했던 만남은 대부분 어색하고 금방 끝났다. 반면, 우연히 사내 복도에서 매일 마주치던 평범한 동료와 점점 가까워졌다. 그는 유난히 듣는 태도가 좋았고, 작은 일에도 고맙다고 표현할 줄 아는 사람이었다. A씨는 말한다. "외모는 기억에 남지 않아요. 그런데 그 사람의 말투와 표정은 계속 떠올라요." 뛰어난 외모를 넘어서는 매력은 어떻게 키울 수 있을까? 다음 세 가지를 추천하고 싶다.

첫째, '온기 있는 리액션을 연습하기' 사람들은 자신의 존재를 인정받을 때 가장 깊이 끌린다. 누군가 말을 걸었을 때 밝게 웃으며 반응하기, 고개를 끄덕이며 듣기, 사소한 일에도 진심으로 "고마워"라고 말하기. 이런 작은 온기가 관계를 데운다.

둘째, '자기 자신에게 편안해지기' 스스로를 불편해하는 사람은 타인과 있을 때도 긴장과 어색함을 전한다. 반대로 자기 자신에게 관대하고 편안한 사람은 주변에도 편안함을 준다. 완벽하려 애쓰기보다, "이런 나도 괜찮아"라고 말할 수 있는 여유를 키우자. 그 여유가 매력이 된다. 자연스러움이 주는 매력은 더 깊고 진정성이 느껴진다.

셋째, '상대의 감정에 민감해지기' 매력은 눈치 빠름이 아니라, 공감에서 온다. 상대가 힘들어할 때 말없이 함께 있어주는 것, 기쁜 순간엔 더 크게 축하해주는 것. 이런 섬세한 공감 능력이 얼굴보다 훨씬 강한 끌림을 만든다.

사실 매력은, 잘생긴 얼굴이나 멋진 스펙보다 훨씬 더 깊은 곳에 있다. 그것은 편안한 공기처럼 곁에 머무르고, 따뜻한 담요처럼 마음을 감싼다. 유명한 심리학 실험 중 하나도 이를 뒷받침한다. '초두 효과'라는 개념이다. 첫인상은 외모로 결정되지만, 그 이후의 인상은 대화, 태도, 감정 교류에 의해 훨씬 더 크게 변한다고 한다. 결국 겉모습이 아무리 좋아도, 마음을 움직이지 못하면 진짜 매력은 오래 가지 않는다.

요즘처럼 외모에 대한 기준이 더욱 가혹해지고, 타인의 시선에 지나치게 빠르게 판단되는 시대일수록, 이 본질을 잊지 않는 것이 중요하다. 아름다움은 완벽함에 있지 않다. 따뜻함, 배려, 진심에 있다. 그러니 다시 묻고 싶다. "당신은 어떤 사람에게 끌리는가?" 예쁜 미소 하나, 조용한 다정함 하나, 사소한 배려 하나가 결국은 가장 오래가는 매력이 된다. 그리고 이렇게 말하고 싶다.

"당신은 이미 누군가에게 충분히 매력적인 존재일지 모른다. 다만 스스로 몰랐을 뿐."

매력은 일시적인 외모에서만 오는 것이 아니라, 그 사람이 풍기는 공기에서 시작됨을 잊지말자.

📢 진짜 끌림의 비밀

첫째, '온기 있는 리액션 연습하기' 사람들은 자신의 존재를 인정받을 때 가장 깊이 끌린다.

둘째, '자기 자신에게 편안해지기' 스스로를 불편해하는 사람은 타인과 있을 때도 긴장과 어색함을 전한다.

셋째, '상대의 감정에 민감해지기' 매력은 눈치 빠름이 아니라, 공감에서 온다.

나는 진짜
'찐따'였을까?

10

누구나 한 번쯤 마음속에 이렇게 속삭였을지 모른다. "나, 혹시 '찐따'처럼 보였을까?" 학교에서, 직장에서, 모임 속에서. 말할 타이밍을 놓치고 어색하게 웃던 순간, 다른 사람들끼리 자연스럽게 섞이는 자리에 홀로 남아 있던 기억, 말끝마다 사과부터 하던 습관. 그건 단순한 내성적 성격이 아니라, 스스로를 작게 만든 태도에서 비롯된 건 아닐까.

'찐따'라는 표현은 유쾌한 단어는 아니다. 하지만 이 단어가 주는 불편함에는 우리가 돌아봐야 할 진실이 담겨 있다. '왜 나는 중심이 되지 못했을까?', '왜 사람들은 나를 쉽게 대했을까?' 그 이유는 외모도 능력도 아닌, 태도와 말투, 그리고 내가 가진 잠재력을 무시했기 때문일 가능성이 높다. 한 번 짚어보자.

혹시 이런 경우가 있지 않았는가? 말할 때 늘 목소리가 작고 불확실했던 경험말이다. 의견을 말해도 끝에 "근데 그냥 제 생각이에요"로 흐지부지 마무리. 누군가의 시선을 마주치는 것에 대한 어려움. 작은 요청에도 "죄송하지만..."이라는 반복되는 말. 이런 말투와 태도는 타인에게 '나는 확신이 없고, 내가 해도 되는 사람인지 모르겠다'는 인상을 남긴다. 그 결과는? 존재감의 희미화다. 누구도 따돌리려 한 게 아니었다. 단지, 스스로 자신을 뒷줄에 세운 것이다.

그러나 다행히도, 이건 성격의 문제가 아니라 '훈련 가능한 태도'의 문제다. 직장인 C씨는 입사 초기 늘 회의 자리에서 말없이 고개만 끄덕였다. 조용한 사람이란 평판은 곧 존재감 없는 인물로 이어졌고, 아이디어가 있어도 말할 타이밍을 잡지 못했다. 그러다 그는 말투 하나부터 바꾸기로 결심했다. 회의 때마다 "제안 하나 드려도 될까요?"라고 입을 열고, 목소리 톤을 또렷하게 조절했다. 말끝을 흐리지 않고, 결론부터 말하는 연습도 했다. 몇 달 뒤, 그는 상사의 회의 발표 파트너가 되었다. 전문성은 예전에도 있었지만, 변화된 표현방식이 그의 존재감을 비로소 전달하게 만들었다.

세계적인 성공을 이룬 사람 중에도 과거엔 바보 취급을 받았던 인물이 있다. 대표적인 예가 바로 애플의 창립자 스티브 잡스다. 젊은 시절 그는 독특한 외모와 집착적인 성격, 종종 이해되지 않는 행동들로 인해 주변에서 따돌림을 당하고, 스스로도 "나는 사회에서 약간 이상한 아이였다"고 회고한 바 있다. 그러나 그는 자신이 관심 있는 것에 집중했고, 발표와 말하기를 끊임없이 훈련했다. 그의 유명한 스탠포드 졸업식 연설은 지금까지도 회자되며, "점들을 연결하라"는 메시지는 세계 수백만 명의 삶에 영향을 미쳤다. 그가 변화시킨 것은 본질 이전에 표현이었다. 태도와 말투가 결국 그의 천재성을 세상에 전달하는 도구가 된 것이다.

　말투와 태도는 단순한 요소가 아니다. 그것은 곧 내가 나를 대하는 방식이고, 세상이 나를 대하는 기준이 된다. 내가 나를 믿지 못하면, 그 신호는 말끝에, 시선에, 자세에 녹아 상대에게 그대로 전달된다. 그렇다면 어떻게 찐따 프레임에서 탈출할 수 있을까? 아래 세 가지를 시도해보자.

　첫째, '말투를 선명하게 만들기' 말끝 흐리기과 뭉개진 발음은 상대에게 확신을 주지 못한다. "저는 이렇게 생각합니다"처럼 결론부터 또렷하게 말하는 연습을 해보자. 자신감은 말의 구조에서 만들어진다. 말연습은 해도해도 부족함이 없다. 인터넷신문이나 책을 읽으면서 말투를 선명하게 바꾸어보자.

　둘째, '몸과 얼굴로 신뢰감 표현하기' 사람들은 말보다 태도를 먼저 본다. 말할 때 눈을 보고 말하기, 고개를 살짝 끄덕이며 대화에 반응하기, 어깨를 편 자세로 앉기. 이런 비언어적 표현이 대화를 이끄는 힘이 된다. 필자는 우연히 유튜브채널에서 한 쇼츠컨텐츠를 봤는데 매우 인상적이었다. 감옥에서 죄수들이 심심해서 괴롭힐 타겟을 정할 때 기준이 있다는 내용이었다. 죄수 중 어깨를 구부정하게 걷고 시선이 산만한 사람이 타겟이 되기 쉽고, 반대로 어깨를 펴고 주의를 잘 살피며 걷는 태도를 보이는 사람은 절대 건딜지 않는다는 흥미로운 이야기였다.

셋째, '자신만의 특별한 전문성 만들기' 내가 말할 수 있는 분야, 내가 잘하는 분야에 대해 한 걸음 더 깊이 들어가자. 전문성은 말투를 지탱하는 근거가 되고, 그 근거는 곧 존중을 부른다. 단 10분의 발표라도 내가 가장 잘 아는 주제로 말할 때, 사람들은 귀 기울이기 시작한다. 올 초 갈라북스 출판사 대표님께서 필자에게 다시한번 출판하자며 연락이 왔다. 이유를 물어보니, "말 잘하는 사람은 많지만 작가님은 이 분야에서 오랜 세월 전문성을 키워오셔서 검증이 되었고 신뢰감을 주시잖아요." 이 말을하며 작년 출판한 '쓸모있게 말하기' 책을 내게 쓰윽 내밀었다. "작가님, 싸인해 주세요."

마지막으로 이 말을 남기고 싶다. 이 글을 읽는 여러분은 원래부터 매력 없는 사람이 아니었다. 다만, 그것을 표현하는 방식이 약했을 뿐이다. 표현을 다듬고 태도를 바꾸면, 관계의 무대에서 조명이 비춰지기 시작한다. 우리 모두는 무대에 설 자격이 있다. 이제는 자신에게 질문을 던져보자. "나는 진짜 찐따였을까?"가 아니라 "이제 한번 제대로 보여줘 볼까?"

📢 나는 진짜 찐따였을까?

첫째, '말투를 선명하게 만들기'– 말끝 흐리기과 뭉개진 발음은 상대에게 확신을 주지 못한다.

둘째, '몸과 얼굴로 신뢰감 표현하기'– 사람들은 말보다 태도를 먼저 본다.

셋째, '자신만의 특별한 전문성 만들기'– 전문성은 말투를 지탱하는 근거가 되고, 그 근거는 곧 존중을 부른다.

관계의 집착은
결국 나를 갉아먹는다

사람은 좋아하는 것을 향해 자연스럽게 끌린다. 누군가를 좋아하거나, 어떤 목표를 이루고 싶어 하는 마음 자체는 너무나 인간적이다. 문제는 그 끌림이 지나쳐 '집착'이 되는 순간부터 시작된다. 집착은 사랑처럼 보이지만, 결국 사랑을 질식시키고, 애착처럼 보이지만 결국 자신을 소진시킨다.

누구나 한 번쯤 이런 경험이 있을 것이다. 연락이 늦으면 초조하고, 답이 오지 않으면 머릿속이 복잡해지고, 상대방의 작은 말투 변화에 하루 종일 기분이 흔들리고. 관심이 깊어질수록 관계가 깊어져야 할 것 같은데, 오히려 불안하고 조급해진다. 왜 그럴까? 그건 관심이 아니라 집착이기 때문이다. 집착은 '상대방을 향한 마음'처럼 포장되지만, 실제로는 '자신의 불안'을 상대에게 던지는 행위다. 나를 안정시키기 위해 상대를 통제하고 싶어지고, 확인받고 싶어지고, 계속해서 반응을 요구하게 된다. 그런데 누구도 끊임없이 감시받고, 끊임없이 기대를 충족시키는 관계를 오래 견딜 수는 없다. 결국 상대는 지치고, 관계는 삐걱거린다.

얼마전 한 지인이 겪은 사례다. 모임에서 알게 된 언니가 있었는데 몇 년간 죽마고우처럼 잘 지냈다고 했다. 지인이 자녀교육에 대한 조언을 구하던 중 의견대립이 있었고 마음의 상처로 더 이상 만남을 이어갈 수 없다고 판단해 그만 보자고 말했다고 한다. 그런데 그 후 문제가 발생했다. 이 언니라는 분이 '왜 모임에 안 나오냐? 내가 그렇게 싫은 것이냐? 내가 너 때문에 화병에 걸려 한약을 먹고 있다.'며 계속 문자와 전화를 해 마음이 힘들다고 했다. 심지어 주변 지인들에게도 자신과 있었던 일을 다 얘기하고 자신을 마치 이상한 사람을 만들고 다닌다며 이 일을 어떻게 풀어야할지 하소연했다.

집착의 가장 큰 부작용은 '관계의 자율성'을 해친다는 점이다. 사랑이나 우정은 원래 자유로워야 한다. 각자의 삶을 존중하면서 함께할 때 건강하게 성장한다. 하지만 집착은 상대방을 내 통제 범위 안에 두고 싶어 한다. "왜 답장이 이렇게 늦어?", "어디야? 누구랑 있어?"라는 질문은 관심의 언어를 가장하고 있지만, 그 안에는 통제와 불안이 숨어 있다.

또한 집착은 결국 '나 자신'을 소진시킨다. 상대의 말과 행동 하나하나에 일희일비하면서, 스스로를 끊임없이 소모한다. 기쁨과 행복은 사라지고, 불안과 초조, 분노와 좌절만 남는다. 심리학에서는 이런 상태를 '감정 의존(emotional dependency)'이라 부른다. 감정의 주도권을 상대에게 넘겨버리는 것. 이 상태에 빠지면, 상대가 조금만 달라져도 내 세계 전체가 흔들리게 된다.

영화 〈500일의 썸머〉에서 주인공 톰은 썸머와의 관계에 집착한다. 운명적인 사랑을 꿈꾸었던 톰, 부모의 이혼의 상처로 진지한 연애를 원하지 않았던 썸머. 톰은 썸머가 조금만 차가워져도 불안해지고, 작은 행동 변화에도 과도하게 의미를 부여한다. 결국 그는 자신이 기대한 관계의 틀에 썸머를 가두려 하면서 둘의 거리는 더욱 벌어지고 만다.

직장인 A는 상사에게 인정받고 싶은 마음이 지나쳐 집착에 가까운 행동을 했다. 보고서를 제출한 뒤에도 끊임없이 피드백을 요청하고, 작은 실수에도 과도하게 사과하며 상사의 반응을 확인했다. 처음에는 노력으로 보였지만, 시간이 지나면서 상사는 부담을 느끼기 시작했다. 결과적으로 A는 좋은 평가를 받기는커녕, 독립성이 부족한 사람이라는 인상을 남겼다.

집착은 결과적으로 상대방의 마음을 닫게 하고, 나 자신의 매력을 갉아먹는다. 무엇보다, 집착은 스스로에 대한 신뢰가 부족할 때 더 심해진다. '나는 괜찮은 사람이다'라는 내면의 확신이 약할수록, 그 빈틈을 채우기 위해 타인을 움켜쥐려 한다. 그렇다면 건강한 인간관계를 위해 우리는 어떻게 해야 할까?

첫째, '자기 감정 주인 되기' 내 기분을 타인의 말과 행동에 맡기지 말자. 기쁨도, 슬픔도, 나의 선택이라는 걸 기억하자. 상대의 반응에 따라 하루 기분이 출렁이는 건 내 마음을 타인에게 위탁하는 것과 같다. 나의 감정은 내가 돌보아야 한다.

둘째, '관계의 거리 유지하기' 아무리 가까운 사람이라도 건강한 거리가 필요하다. 상대방의 사생활을 존중하고, 나의 일상도 독립적으로 유지하자. "너 없이 난 아무것도 아니야"가 아니라, "나는 나로서 충분하고, 너는 너로서 소중해"라고 말할 수 있는 관계가 오래 간다. 사람은 혼자 잘 지낼 수 있어야 타인과도 더 잘 지내게 된다. 설사 타인과 헤어져도 자신의 삶을 잘 지켰기에 회복이 빠르다.

셋째, '스스로를 풍요롭게 만들기' 내 삶에 몰입할 수 있는 취미, 목표, 관계를 키워나가자. 내 삶이 풍요로울수록, 타인에게 집착할 이유가 줄어든다. 좋아하는 것을 하고, 성장하는 경험을 쌓으며 나를 단단하게 만들자. 내가 나를 채울 때, 타인과의 관계도 자연스럽게 건강해진다.

집착은 사랑이 아니다. 집착은 애정이 아니다. 집착은 결국 나를 고립시키고, 관계를 망가뜨린다. 좋아하는 사람을 더욱 가까이 두고 싶다면, 오히려 한 발짝 물러설 줄 알아야 한다. 상대방이 숨 쉴 수 있게 해주는 것, 그리고 나 자신도 스스로 설 수 있게 만드는 것. 그것이 진짜 사랑이고, 진짜 인간관계다. 관계에 집착하는 사람을 생각할 때 필자는 새장 안에 갇힌 새가 연상될 때가 있다. 당장은 나만 볼 수 있고 잘 보살펴주면 행복할 거라 생각한다. 그러나 새는 자유롭게 날아갈 때 행복하다는 것을 잊어서는 안 된다. 서로가 있는 그대로를 존중해 주고 아껴줄 수 있을 때 비로소 진짜 관계가 시작된다.

관계의 집착은 결국 나를 갉아먹는다

첫째, '자기 감정 주인 되기' 내 기분을 타인의 말과 행동에 맡기지 말자.
둘째, '관계의 거리 유지하기' 아무리 가까운 사람이라도 건강한 거리가 필요하다.
셋째, '스스로를 풍요롭게 만들기' 내 삶에 몰입할 수 있는 취미, 목표, 관계를 키워나가자.

침묵이 이끄는
대화의 승부수

12

필자는 말하는 직업을 갖고 있다보니 어느 모임에 가든 자연스럽게 존재감이 드러날 때가 있다. 누군가는 부럽다고 말한다. 그러나 일적인 부분 외엔 조용히 듣는 것을 더 편안해하고 앞에 적극적으로 나서는 것을 그다지 선호하진 않는다. 스피치 전문가인 필자도 기분좋게 주목하는 사람들이 있다. 시선과 함께 조용히 침묵하며 듣는 사람들이다. 이들을 보면 여유와 깊이감이 느껴져 더 관심이 가게 된다.

우리는 '대화에서 이기려면 말을 잘해야 한다'고 믿는다. 하지만 진짜 강한 사람은 말을 많이 하는 이가 아니라, 말하지 않아도 흐름을 주도할 줄 아는 사람이다. 역설적으로 들릴지 몰라도, 침묵은 가장 강력한 대화의 기술이다.

하버드 로스쿨의 'PON(Program on Negotiation)' 협상 프로그램에서는 침묵이 상대방의 심리를 움직이는 강력한 수단이 될 수 있다고 분석한다. 협상 상황에서 전략적으로 침묵을 사용할 경우, 상대는 불안감이나 압박감을 느끼며 자신이 먼저 말문을 열게 된다. 심리학적으로도, 인간은 침묵을 견디기 어렵기 때문에 대화의 공백을 채우기 위해 먼저 입을 여는 경향이 있다.

PON 공동 설립자인 협상가 윌리엄 유리는 『Getting to

Yes』에서 "침묵은 협상에서 감정적 과잉 반응을 피할 수 있는 최고의 전략 중 하나이며, 침묵이 만들어내는 공백 속에서 상대는 자신의 입장을 더욱 곰곰이 돌아보게 된다."라고 말했다. 그는 전 세계 수많은 분쟁 현장에서 이 전략을 사용하며 국제 협상과 중재에 깊은 영향을 끼쳤다.

고전 영화 『대부(The Godfather)』에서 돈 콜리오네는 결정적인 순간마다 침묵으로 일관한다. 그의 침묵은 약함이 아니라, 계산된 무게였다. 한마디 말보다 그가 말하지 않을 때의 분위기가 상대를 긴장하게 만들었다. 미국 방송인 오프라 윈프리는 인터뷰 중 상대의 말을 자르지 않고 침묵을 유지하는 방식으로 상대의 마음을 끌어낸다. 그 침묵이 주는 여백 속에서 인터뷰이는 자신도 몰랐던 진심을 끄집어낸다. 침묵은 때때로 상대방이 스스로 진실을 털어놓게 만드는 거울과도 같은 역할을 한다.

반면 자연스럽지 못한 침묵을 활용하면 역효과도 있다는 것을 알아야 한다. 때로는 침묵이 오해와 단절을 불러올 수도 있다. 의도적이든 무의식적이든, 말하지 않는 태도는 '무관심', '거절', '회피'로 해석될 수 있다. 특히 감정적인 지지나 위로가 필요한 순간에 침묵은 상대방에게 냉담함으로 다가오기도 한다. 실제로 가까운 관계에서 갈등이 발생했을 때 지속적인 침묵은 오히려 관계 악화를 촉진할 수 있다. 예를 들어 배우자 간의 침묵이 반복될수록 정서적 단절감을 느껴 갈등을 증폭시킬 수 있다. 말하지 않는 선택이 결국, 듣고 싶지 않다는 신호로 해석될 수 있다.

필자가 회사에서 근무했을 때 알게 된 A라는 여자대리가 있었다. 이 분은 답장을 늦게하기로 매우 유명한 분이었다. 필자도 업무 요청건으로 A대리에게 내부 네트워크로 톡을 보낸 적이 있었다. 설마 답이 오겠지했는데 답장이 그 다음날이 되어서야 왔다. 오전도 아니고 오후늦게. 필자도 일에 집중하다 보면 답장을 늦게할 때도 있지만 이렇게 1박 2일을 꽉 채우는 경우는 흔치않은 경우라 신기했다. 얘기를 들어보니 A대리의 이런 업무태도 덕분에 그 부서 부장님 심지어 상무님까지 스트레스를 엄청 받고 있다고 했다. 그 후 필자는 A대리에게 업무 요청 건이 있으면 근무하는 부서에 직접 찾아가거나 전화로 소통했다.

침묵은 단순한 정적이 아니다. 그것은 의도된 여백이며, 말보다 더 깊은 메시지를 품고 있다. 그리고 그 침묵을 어떻게 활용하느냐에 따라 대화의 흐름과 결과는 완전히 달라진다. 누군가가 공격적으로 말할 때, 침묵은 방어가 아닌 반격이 될 수 있다. 감정이 격할 때 즉각 반응하지 않고 침묵하는 것은 상대에게 "생각할 여유"라는 무형의 공간을 제공한다. 침묵은 오히려 말보다 더 큰 소리를 낼 수 있다.

대화에서 이기고 싶다면, 침묵부터 배워야 한다. 침묵은 기다림이자, 집중이며, 타인의 내면을 꺼낼 수 있는 열쇠다. 그리고 무엇보다, 스스로를 지키는 힘이다. 말의 전쟁터에서, 때론 아무 말도 하지 않는 사람이 가장 크게 이긴다.

동양의 고전에서 침묵은 지혜로 여겨졌다. 『논어』에서 공자는 "군자는 말이 적고, 행실이 무겁다"고 했다. 이는 말의 홍수 속에서 침묵이야말로 품격과 신뢰를 드러낸다는 의미다. 말로 이기는 것이 아닌, 침묵으로 감동시키자.

침묵이 이끄는 대화의 승부수

❶ 침묵은 가장 강력한 대화의 무기다.
❷ 가까운 관계의 갈등 시 지속적인 침묵은 역효과도 있음을 주의하자.
❸ 침묵은 의도된 여백이자, 말보다 더 깊은 메시지가 될 수 있다.

PART
2

관계 맺기의
기술

나를 초라하게 만드는
말들의 정체

13

"나는 원래 안 돼."
"내가 무슨 재주로…"
"그럼 그렇지."

우리는 스스로에게 무심코 이런 말을 던진다. 때로는 농담처럼, 때로는 자조처럼, 혹은 진심 섞인 체념으로. 그런데 이 말들이야말로 자신의 영혼을 가장 깊이 갉아먹는 무기가 된다. 사람은 타인의 말보다 자기 입으로 내뱉은 말에 더 크게 영향을 받는다는 사실, 여러분은 알고 있는가?

미국 심리학자 루이즈 헤이는 "우리는 하루에도 수백 번 자신에게 말을 건다. 그 말의 질이 곧 인생의 질을 결정한다"고 했다. 필자의 수강생 중 60대 사업가인 한 남성분이 있다. 이분의 별명은 '돈키호테'. 친구들이 지어준 별명이 맘에 든다며 이야기해 주셨다. 이분은 아침마다 거울을 보며 "나는 모든 것을 다 이루었어. 나는 잘 생겼다"를 외친 뒤, 30분 동안 아내 앞에서 댄스를 춘다고 했다. 아내의 반응이 궁금해 필자가 물었더니, "가지가지 한다"며 친구들 앞에서 절대 하지 말라고 신신당부했다고 한다. 어느 날 이분이 필자에게 댄스 영상을 톡으로 보내주셨는데, 한 CEO 모임에서 춤추는 장면이었다. 한참을 웃으며 봤다. 자신의 방식으로 삶을 유쾌하게 즐기는 모습이 정말 초긍정주의자라는 생각이 들었다. 그는 늘 한결같이 말한다. "저는 인생이 너무 즐겁습니다." 자기계발도 꾸준히 실천하는 이 분은 필자에게도 긍정의 에너지를 전해주는 진정한 돈키호테다.

반대로, 부정적인 언어를 자신도 모르게 자주 사용하는 사람들이 있다. 이런 사람들의 특징을 보면 스트레스 민감도가 높고, 어떤 목표나 도전에 회피 행동을 보이는 경우가 많다. 늘 핑계를 대며 미리 실패할 이유를 찾는다. 필자 주변을 보면 꼭 부정적이라기보다는, 삶에 지쳐있는 분들이 있다. 변화를 원하지만 그게 쉽지 않다는 무력감이 그들을 지배하고 있다. 작은 목표부터 실천해 보자고 권하면, "글쎄요, 그럼 좋죠. 그런데 그렇게 한다고 이제 와서 제 인생이 바뀔까요?"라며 이미 결과가 정해져 있다는 듯 체념한 말을 하곤 한다.

심리학에서는 이러한 현상을 '이중 메시지(Double Bind)'라고 부른다. 겉으로는 "괜찮아"라고 말하면서도 속으로는 "난 안 돼"라고 믿는 식이다. 이런 상반된 메시지는 뇌와 정서에 혼란을 일으켜 자기 신뢰를 무너뜨린다. 결국 말과 생각이 일치하지 않는 반복은 스스로를 더욱 모호하게 만들고, 감정적 혼란과 자존감 저하를 초래할 수 있다. 자기와의 대화에서 가장 경계해야 할 대상은 익숙한 비하의 언어들이다. 그 말들이 얼마나 은근히, 그리고 꾸준히 우리를 무너뜨려왔는지 돌아볼 필요가 있다.

이른바 '자기비하 언어'는 무의식적으로 자존감을 깎아내린다. "나는 할 줄 아는 게 없어"라는 말은 어느새 "나는 쓸모없는 사람"이라는 신념으로 굳어진다. 그 말이 습관이 되고, 습관이 성격이 되며, 결국 인생을 좌우한다. 생각은 말을 낳고, 말은 현실을 끌어당긴다.

배우 장근석 씨는 한 프로그램에서 연예인병과 조울증으로 고생했다고 고백한 바 있다. 너무 많은 인기만 먹고 살다가 어느 날 갑상선암이 찾아왔고, 그 일을 계기로 자기관리와 나눔에 대해 진지하게 생각하게 되었다고 한다. 연기 35년 차인 그는 조울증 진단을 받고, 일을 추진할 때 자기비하를 심하게 한 적도 있었다고 밝혔다. 그러나 약을 꾸준히 먹고, 사회복무요원으로 규칙적인 생활을 하다 보니 조울증을 극복할 수 있었다고 한다.

자기 말은 곧 자기 마법이다. "나는 너무 부족해"라는 말 대신 "나는 성장 중이야"라고 말해 보자. "나는 실패했어"라는 말 대신 "이번에 좋은 경험을 했어"라고 말해 보자. "나는 되는 게 없어"라는 말이 아닌 "이젠 잘 될 일만 남았어"라고 바꿔보자. 말이 먼저 변할 때, 태도와 시선도 함께 변한다.

필자 또한 사람인지라 감정기복이 생길 때가 있다. 누군가 무례한 언행을 했을 때, 업무가 뜻대로 잘 안 풀릴 때 등 순간 스트레스를 받을 수밖에 없다. 다만 이 상황을 빨리 알아차리고 마인드를 전환하려고 노력한다. "좋아, 차근차근 하나씩 풀어가 보자. 잘할 수 있어. 지금까지 그래왔잖아." 계속해서 자신에게 격려하는 말을 건네며, 다시 마음을 다잡는다.

오늘도 당신은 자신에게 어떤 말을 건넸는가? 그 말이 당신의 가능성을 막고 있지는 않은가? 자기 자신을 존중하는 가장 **빠른** 길은, 스스로에게 하는 말의 품격을 바꾸는 것에서 시작된다. 말은 곧 씨앗이다. 어떤 말을 심을지, 오늘 당신의 언어가 당신의 내일을 만든다.

📢 나를 지키는 말 습관 3가지 핵심

❶ 자기비하 언어를 경계하자 — "나는 안 돼"라는 말이 자존감을 서서히 무너뜨린다.

❷ 긍정의 언어를 습관화하자 — "나는 성장 중이야" 같은 말이 마인드를 바꾼다.

❸ 생각과 말을 일치시키자 — 진심 어린 말이 곧 현실을 이끄는 첫걸음이 된다.

# 품위 있게, 제대로 한 방 날리는 기술

14

살다 보면 꼭 한 명쯤은 있다. '선을 넘는' 사람들. 허물없이 구는 걸 친한 사이로 착각하거나, 조언이라는 이름으로 무례를 뿌리고 다닌다. 이들에게는 나름의 논리가 있다. "나는 그냥 솔직했을 뿐", "넌 좀 더 강해질 필요가 있어", "분위기 띄우느라 나도 힘들어." 하지만 우리 마음엔 그들이 던진 말과 행동에 엄청난 상처로 고통스럽기까지 하다. 그동안 할 말을 못해 이불킥, 후회막급, 화병나 한약만 먹었는가? 자, 이대로 참고 살 것인가? 아님 정면돌파? 제대로 한방 날리는 기술을 써먹을 타임이 왔다.

최근의 일이다. 30대 후반 제약회사에 근무하는 A대리, 벌써 3년째 자신을 비아냥거리는 남자 과장님에 대한 이야기를 조심스럽게 꺼냈다. 때는 어느 날 점심시간, 다같이 차를 마시고 있었다. 동료 여직원이 결혼을 앞두고 다이어트를 해야 하나 의견을 물었다. A대리는 "OO씨는 지금도 너무 예뻐서 안 빼도 돼, 충분해" 웃으며 말했다고 했다. 그때 맞은편에 앉아있던 과장이 웃으며 "다른 사람은 모르겠는데 A대리가 말하니 설득이 안되는데?"하더란다. 며칠 전에도 "왜 이렇게 뚱뚱해?" 지나가는데 갑작스런 질문을 하는 바람에 "살찐게 아니라 부은 거에요."하고 웃으며 넘겼다고 했다. 그 후로 계속해서 수위가 올라가기 시작했고 이제는 여러 사람들 앞에서 늘 비아냥의 대상이 되었다고 했다. 계속 웃으며 참으니 강도가 점점 세지는 것 같아 이제 더 이상 안되겠다 싶어 어떤말로 대응할지 필자에게 도움을 요청했다.

무례함에는 '선 긋기 언어'로 대응해야 한다. 선 넘는 사람에게 가장 필요한 건 '경계'다. 그 경계를 말로 표현하지 않으면, 그들은 계속 침범한다. 예를 들어, 외모나 사생활에 대해 지나친 질문을 받았을 때, "그건 내가 말하고 싶지 않은 부분이야" 혹은 "제 개인적인 사생활이라 얘기 안해도 되죠?"라고 분명히 말하자. 회피보다 단호한 '거절의 언어'가 효과적이다. 애매하게 웃으며 넘기면, 그들은 그 미소를 허락으로 착각한다. 쇼펜하우어는 말했다. "무례한 말에는 무관심으로 응답하라. 그 말이 당신의 존엄을 훼손하지 못하게 하라." 그의 철학은 오늘날 경계 지키기의 근간이 된다. 무례에 예의로 반응할 필요는 없지만, 품위 있게 단호할 필요는 있다.

'유쾌한 무시'의 기술을 익히자. 필자가 과거 직장생활 중 취미로 참여했던 동아리가 있었다. 지금도 가끔 모이곤 한다. 오랜만에 인사겸 후배들도 볼겸 모임에 참석했다. 그때 한 후배가 "선배님, 너무 존경합니다. 워낙 얘기를 많이 들어 궁금했어요, 선배님, 사업도 성공하시고, 오늘 다 쏘실거죠? 잘 먹겠습니다."하는 것이 아닌가? 수십명이 모인자리에 처음보는 후배가 내게 던진 말이다. 모두가 나의 반응을 지켜봤다. "내가? 성공했다고? 에이, 설마~~ 내가 알기론 우리 후배님 이번에 인센티브 엄청 받았다면서요? 저보다 부자시네~" 그 후배는 당황한 기색을 감추지 못했다. 쌤통이다. 어떤 모임에 가든 돌발변수를 예측해 보는 것도 방법이다. 누군가 무례하게 굴 때 어떤 말을 할 것인가 생각만 해 둬도 당황하지 않을 수있다. 말로 대응하기 어렵다면 입꼬리를 올리고 상대를 응시하며 침묵해라. 그것만으로도 충분하다. 상대방은 당신의 반응이 없을 때 무기력해진다.

행동으로 말하라 '거리두기'는 최고의 메시지다. 어떤 말보다 강한 건 '거리'다. 반복적으로 선을 넘는 사람에겐 굳이 정색하거나 말로 따질 필요 없다. 초대에 응하지 않고, 자리를 피하고, 연락을 줄이는 것만으로도 메시지는 충분히 전달된다. 사람은 말보다 행동의 변화를 더 민감하게 느낀다. 당신이 대화 중에 핸드폰을 만지기 시작하거나, 반응을 줄이면 그들은 스스로 '내가 뭘 잘못했나?'를 떠올리게 된다. 침묵과 거리감은 때때로 가장 정중한 '철퇴'다.

이들은 대체 왜 그 선을 넘을까? 심리학에서는 '사회적 둔

감성(Social Insensitivity)' 혹은 '경계 무시 성향(Boundary Violation)'이라고 부른다. 공감 능력이 부족하거나 타인의 반응에 둔감한 사람들은 상대의 감정을 예측하지 못하고 무례를 범한다. 일부는 이를 통해 주도권을 쥐려는 '우월감 확인 행동'이기도 하다. 그래서 이들과의 대화에서는 감정을 앞세우기보다 '구조적 대응'이 중요하다.

미셸 오바마는 백악관 재직 시절, 수많은 인신 공격과 무례한 언론 대응을 받아야 했다. 그녀는 이에 대해 "우리가 낮아질 때, 나는 더 높이 올라간다(When they go low, we go high)"는 명언을 남겼다. 이 말은 무례를 품위로 이기는 고전적인 전략이 되었고, 지금도 전 세계 여성 리더들에게 큰 영향력을 미친다.

당신이 예의 바르다고 해서, 모두가 예의를 지키는 건 아니다. 무례한 사람에게 말하지 않으면, 그들은 배운 적 없는 예의로 계속 밀고 들어온다. 그러니 정색하지 말고, 감정에 휘말리지 말고, 딱 그만큼만 잘라내라. 품위 있게, 하지만 분명하게.

📢 품위있게 제대로 한 방 날리는 기술

❶ 감정을 넣지 말고 논리로 경계 표현하기 - "그건 불쾌하니, 다음부턴 지양해줘."
❷ 위트 있는 반응으로 분위기 전환 - "그 얘기 들으니 나 울어야 하나?", 입꼬리 올리며 침묵으로 응시
❸ 물리적 거리로 메시지 보내기 - 대답하지 않기, 자리를 피하기, 초대 거절하기.

진심은 말이 아니라
발걸음에서 드러난다

15

우리는 흔히 말로 사람을 평가하고, 말로 감동하고, 말로 실망한다. 누군가의 화려한 언변에 마음이 움직이고, 다정한 말 한마디에 위로를 받기도 한다. 그러나 시간이 지날수록 우리는 한 가지 중요한 사실을 깨닫게 된다. 진짜 중요한 건 말이 아니라 '행동'이라는 것을. 말은 순간을 밝혀줄 수 있지만, 행동은 관계의 진심을 증명한다.

필자가 10대, 20대를 돌아보면 '그때는 정말 순진했구나' 싶은 순간이 많다. 친구나 지인이 "언제 한번 봬요"라고 말하면 진심으로 만나고 싶다는 뜻인 줄 알고, 그날을 손꼽아 기다렸다. 직장에서 "네, 알겠습니다"라는 말도 말 그대로 이해했다. 내가 부탁한 일을 정말 해주겠다는 의미로 믿었으니까. 하지만 시간이 지나면서 깨달았다. 많은 말들은 예의일 뿐, 실제 행동으로 이어지지 않는 경우가 대부분이었다. 그 사실을 알았을 때, 부끄럽고 서글펐다. 사람들은 왜 그렇게 쉽게 말을 내뱉고 지키지 않는 걸까? 그 혼란이 결국 필자가 인간 심리에 관심을 가지게 된 출발점이 되었다.

누군가 "언제든 도와줄게"라고 말하면서도 정작 내가 필요할 땐 나타나지 않는다면, 그 말은 공허하게 느껴질 수밖에 없다. 반면, 아무 말 없이도 조용히 곁을 지켜주는 사람은 오래도록 기억에 남는다. 결국 우리가 신뢰하게 되는 사람은 말이 많은 사람이 아니라, 약속을 지키는 사람, 꾸준히 행동으로 보여주는 사람이다.

말은 누구나 할 수 있다. 하지만 행동은 용기가 필요하고, 시간과 에너지를 필요로 한다. 그래서 더 어렵고, 그래서 더 귀하다. 말은 머리에서 나오지만, 행동은 마음과 몸 전체가 움직여야 가능하다. 말은 의도를 전달하지만, 행동은 그 의도의 진심을 드러낸다.

"사랑해"라는 말을 수없이 들어도, 내가 가장 힘들 때 그 사람이 곁에 없었다면 그 사랑은 의심받는다. "미안하다"는 말도 반복되면 무뎌진다. 진정한 사과는 실수를 고치려는 태도와 변화 속에서 완성된다. 결국 관계에서 가장 중요한 것은 말이 아니라, 반복적으로 보여주는 행동의 '패턴'이다. 그 일관된 태도가 말보다 훨씬 더 많은 것을 전해준다. 그래서일까, 필자는 점점 말보다 행동을 더 중요하게 보게 되었다.

어릴 적 선생님이 말씀하신 한 문장이 있다. "사람은 말로 성장하지 않는다. 행동으로 성장한다." 그때는 그 의미를 몰랐지만, 지금은 가슴 깊이 이해한다. 아무리 좋은 책을 읽고 수많은 다짐을 해도, 실제로 움직이지 않으면 아무것도 달라지지 않는다. 실천을 통해서만 우리는 변할 수 있다.

직장에서 자주 들리는 말 중 하나가 "제가 하겠습니다"다. 그러나 그 말이 얼마나 자주 지켜지는가? 진짜 신뢰받는 사람은 말보다 먼저 움직이는 사람이다. 시키기 전에 알아서 행동하고, 말이 아닌 결과로 증명하는 사람. 그런 이에게는 단 한마디의 말보다 무게 있는 신뢰가 따라붙는다.

우정도 마찬가지다. 생일마다 장문의 축하 메시지를 보내는 친구보다, 병원에 가야 할 때 말없이 동행해주는 친구가 더 마음 깊이 새겨진다. "언제 밥 한번 먹자"는 말보다, 바쁜 와중에도 시간을 내어 실제로 만나러 오는 사람이 훨씬 더 소중하다. 진심은 문자나 말이 아니라, 결국 '발걸음'에서 드러나는 것이다.

물론 말도 중요하다. 하지만 그 말은 행동과 함께할 때에만 빛난다. 말과 행동이 일치할 때, 사람은 신뢰를 얻고 관계는 깊어진다. 반대로 말과 행동이 엇갈리면, 관계는 서서히 틈이 생기고 멀어진다.

그렇다면 어떻게 하면 '말뿐인 사람'이 아니라 '행동하는 사람'이 될 수 있을까?

첫째, 약속은 크든 작든 반드시 지키자. 말은 쉽게 나올 수 있지만, 그 말은 책임을 동반한다. "내가 꼭 도와줄게", "내일 오후에 갈게"라는 말은 단순한 표현이 아니라 신뢰의 씨앗이다. 필자는 과거 한 유명 정치인을 대상으로 수업을 한 적이 있다. 매우 바쁜 일정 속에서도 그는 수업 시간만큼은 절대 어기지 않았다. 보좌관이 아무리 바쁜 일정으로 재촉해도, 그는 끝까지 시간을 지켰다. 상대의 중요도를 떠나, 본인이 한 약속은 반드시 지키는 그의 태도는 필자에게 오래도록 울림을 주었다.

둘째, 작은 행동이라도 꾸준히 하기. 거창한 목표보다 중요한 건 반복이다. 하루 10분 운동, 매일 한 줄 글쓰기, 일상 속 작은 친절 실천. 필자도 매일 20~30분간 홈트레이닝을 한다. 누구에겐 그리 큰 일이 아닐 수 있지만, 이 일상적 꾸준함이 내 자신을 단단하게 만든다. 꾸준함은 인내력과 절제력, 그리고 자기 신뢰를 키운다. 결국 습관이 실력이고, 실력이 신뢰를 만든다.

셋째, 말보다 먼저 행동으로 보여주기. 때로는 백 마디 설명보다 한 번의 실행이 훨씬 더 강력하다. 누군가가 내 진심을 의심할 때, 말로 해명하기보다 차라리 행동으로 보여주는 편이 낫다. 자기변명과 자기자랑은 누구나 할 수 있다. 그러나 진짜 영향력 있는 사람은 조용히 해내는 사람이다. 말은 이제 그만, 결과로 증명하는 사람이 진짜다.

결국 우리는 말로 시작하지만, 행동으로 평가받는다. 진심은 보여주는 것이다. 말은 바람처럼 사라지지만, 행동은 사람의 마음에 흔적을 남긴다. 말은 귀에 남고, 행동은 가슴에 남는다. 오늘, 당신이 했던 말 중 아직 지키지 못한 것이 있다면, 그 하나를 먼저 실천해보자. 말은 쉽게 떠나도, 행동은 오래도록 남는다. 그리고 그 행동이 쌓여, 당신이라는 사람의 진짜 신뢰를 만들어낸다.

말보다 행동이 중요한 이유

❶ 약속은 무게감 있는 책임이다. 작은 말이라도 반드시 지키는 습관이 신뢰를 만든다.
❷ 꾸준한 행동이 인격을 만든다. 거창함보다 반복이 주는 감동은 더 크고 깊다.
❸ 말보다 실천이 더 강력하다. 말로 설명하지 말고, 행동으로 진심을 보여주자.

흔들려도 무너지지 않는 내면의 힘

16

세상은 끊임없이 우리를 흔든다. 필자의 하루도 마찬가지다. 사업을 하는 입장이다 보니 여러 우여곡절을 겪게 된다. 예기치 않은 말 한마디에 마음이 뒤숭숭해지고, 예상치 못한 상황에 계획이 틀어지기도 한다. 그럴 때마다 어떤 사람은 무너지고, 어떤 사람은 단단히 버텨낸다. 단단한 사람들은 도대체 무엇이 다른 걸까?

단단한 사람은 감정이 없는 사람이 아니다. 오히려 감정을 깊이 느끼지만, 그 감정에 휘둘리지 않는다. 실망도 하고, 속상함도 느끼지만, 다만 그 감정을 객관적으로 바라보고 다스릴 줄 안다는 차이가 있다. 필자는 힘든 일이 생기면, 일부러 음악을 들으며 조금 걷다가 커피숍을 간다. '내가 지금 많이 혼란스럽구나, 괜찮아, 다 해결될 거야.' 감정을 부인하지 않고 인정하며 나를 다독인다. 내면이 단단한 사람들은 감정의 노예가 되지 않고, 감정을 의식적으로 조절한다. 단단함은 곧 자기관리의 결과이기도 하다.

예를 들어보자. 한 직장인은 팀 회의 중 상사의 비난을 받았다. 대부분의 직원들은 낙담하거나 동료들에게 불만을 토로했지만, 그는 조용히 받아들이고 자신의 업무 방식을 돌아봤다. 그리고 다음 주 회의 때, 더욱 치밀한 자료와 실질적인 해결책을 제시했다. 상사는 이후 더 이상 그를 공개적으로 비판하지 않았고, 오히려 실력 있는 팀원으로 인정하게 되었다. 감정에 즉각적으로 반응하지 않고, 스스로 선택한 태도로 대응한 이 모습이 바로 단단함이다.

과거 필자가 다니던 회사에는 예민하고 감정 기복이 심한 여성 리더가 있었다. 회의 시간마다 목소리를 높였고, 어느 날은 발언 중 과호흡으로 쓰러진 적도 있었다. 모두가 당황했지만 필자는 그저 담담하게 바라보았다. 회의 후 그녀는 내게 이렇게 말했다. "연화야, 넌 내가 안 무섭니? 좀 무서운 척이라도 해주면 안 되겠니?" 나는 대답 대신 미소만 지었다. 그녀는 결국 내가 가장 어려운 사람이었다고 고백했다. 단단한 사람은 그 어떤 외부 자극에도 스스로를 잃지 않고 중심을 지키는 사람이다.

또한 단단한 사람은 타인의 시선에 쉽게 흔들리지 않는다. 주변의 평가에 예민하지 않다는 뜻이 아니라, 타인의 시선과 나의 가치 사이에 건강한 경계를 그을 줄 안다는 의미다. 남이 나를 어떻게 볼까에 인생을 맡기지 않는다. 자신의 삶은 자신이 설계해야 한다는 내적 확신이 이들의 중심을 잡아준다.

단단한 사람들은 실패에 대한 해석이 다르다. 누구나 실패는 두렵지만, 단단한 사람은 실패를 곧 자기 부정으로 연결하지 않는다. 실패는 배움의 일부이며, 오히려 한 걸음 더 깊은 성장을 위한 계기로 여긴다. 그래서 좌절이 와도 무너지지 않는다. 단단함은 결국 '삶을 해석하는 방식'에서 비롯된다.

한 지인은 자격증 시험에 두 번 낙방했지만, 좌절하지 않았다. 그는 시험 결과를 다시 검토하고, 자신의 공부 방식에 부족했던 부분을 냉정하게 분석했다. 그리고 세 번째 도전에서 결국 합격했다. 실패를 실패로 끝내지 않고, 성장의 연료로 바꾼 것이다.

또 하나의 공통점은 '반응보다 선택을 먼저 하는 태도'다. 감정적으로 반응하기보다, 잠시 멈추고 상황을 바라본 뒤, 어떤 태도를 취할지 스스로 선택한다. 즉각적으로 휘둘리는 사람이 아니라, 의식적인 결정을 내릴 줄 아는 사람이다. 이들의 차분한 태도는 주변 사람들에게도 안정감을 준다.

그리고 이들은 관계에 집착하지 않는다. 소중한 사람일수록 오히려 자유롭게 놓아줄 줄 안다. "나 없이 못 살게 하겠다"는 마음보다, "각자 잘 살아가길 바란다"는 마음을 품는다. 의존이 아닌 존중으로 관계를 유지하려 한다. 이것이 진짜 어른의 단단함이다. 많은 관계 속에서 갈등과 상처는 서로를 구속하고 컨트롤하고자 하는 욕망에서 비롯될 때가 있다. 진정으로 서로를 위한다면 있는 그대로를 존중하는 태도다.

한 후배는 오랜 연인과 이별하면서도 집착하지 않았다. 매달리거나 원망하지 않고, 그 사람의 선택을 존중해주었다. 물론 아프고 힘들었지만, 그는 이별을 자기 성장을 위한 시간으로 삼았다. 그렇게 중심을 잃지 않고 자신의 삶을 회복한 그의 모습에서, 진짜 단단함이 무엇인지 느낄 수 있었다. 흔들리는 세상 속에서도 단단한 사람들은 중심을 지킨다. 그리고 그 단단함이, 결국 가장 멀리 가는 힘이 된다.

단단한 사람들의 4가지 특징

❶ 감정을 다스릴 줄 안다 - 감정을 억누르지 않고, 객관적으로 바라본다.
❷ 타인의 시선에 흔들리지 않는다 - 자신만의 가치기준을 가지고 살아간다.
❸ 반응보다 선택을 먼저한다 - 충동적으로 반응하기보다, 의식적으로 대응한다.
❹ 관계에 집착하지 않는다 - 집착이 아닌 존중으로 관계를 대한다.

지능이 높은 사람들은
특별함이 있다

17

초등학교 때 IQ 검사를 받았다. 하지만 그 테스트를 끝까지 하진 못 했다. 중간부터는 너무 어렵고 하기 싫어서 포기했기 때문이다. 아마도 두 자릿수조차 안될 것 같고 지금까지 그 결과에 궁금해 한 적도 없었다. 그렇다고 해서 필자가 지능이 낮다고 생각해 본 적은 없다. 오히려 IQ 테스트가 과연 인간의 지능을 온전히 평가할 수 있는 도구인지에 대해 의문을 품고 있긴 하다. 현재까지 잘 지내는 것을 보면 결국 중요한 건 수치가 아니라 실전에서 발휘되는 '생각의 힘'이라는 확신이 생긴다.

지능이 높다는 것은 단순히 문제를 잘 푸는 능력을 뜻하지 않는다. 시험 성적이나 자격증 개수처럼 수치화할 수 있는 것만이 지능의 전부는 아니다. 진짜 지능은 생각의 깊이, 복잡한 문제를 다루는 유연함, 인간관계를 다루는 섬세함 속에 숨어 있다. 그렇다면 지능이 높은 사람들은 어떤 공통적인 특징을 갖고 있을까? 여러분은 여기에 나온 특징을 보면서 본인은 어느 정도인지 가늠해 보시길 바란다.

첫째, 스스로에게 질문을 던질 줄 안다. 지능이 높은 사람들은 단순히 정보를 수용하지 않는다. "왜?", "정말 그럴까?", "다른 가능성은 없을까?" 같은 질문을 끊임없이 던진다. 그들의 사고는 한 방향으로만 흘러가지 않고, 다양한 각도에서 사안을 바라본다. 깊이 있는 질문이 깊이 있는 답을 만들기 때문이다. 철학자 소크라테스는 "검토되지 않은 삶은 살 가치가 없다"고 말했다. 그는 제자들에게 질문으로 사고를 유도했고, 그 방법은 오늘날에도 비판적 사고의 핵심으로 쓰인다. 일반 직장에서도 이러한 태도는 드러난다. 필자가 알고 있는 한 마케팅 팀장은 보고서 하나를 받더라도 "왜 이 데이터를 이렇게 정리했을까?", "우리가 간과한 요소는 없을까?"라고 질문을 던지며, 단순한 수치를 넘어서 인과관계를 짚어내려 했다. 그는 종종 후배들에게 "문제를 풀 생각만 하지 말고, 질문부터 바꾸어 보자"고 말한다.

둘째, 모르는 것을 인정하는 데 거리낌이 없다. 지능이 높은 사람은 "나는 그걸 잘 몰라"라고 말할 줄 안다. 무지를 숨기려 하지 않고, 오히려 더 배우고자 한다. '모른다'고 인정할 수 있는 용기와 겸손은 사고의 문을 열고 성장의 속도를 빠르게 한다. 물리학자 리처드 파인만은 항상 자신을 "호기심 많은 바보"라고 불렀고, 이해하지 못한 개념은 절대 넘어가지 않았다. 그의 학습 방식은 '파인만 기법'으로 불리며 오늘날 학습법으로 널리 활용된다. 언젠가 한 지인과 필자가 대화를 나누다 그분이 "그게 뭐에요?"라고 질문하는 모습을 보고 깊은 인상을 받은 적이 있다. 학식이 높고 지위도 있는 분이었지만, 모른다는 사실을 솔직히 드러내며 배우려는 태도가 인상적이었다. 오히려 그 순간 그의 지적 겸손함이 지능의 깊이를 느끼게 해주었다.

셋째, 감정과 이성을 분리할 줄 안다. 지능이 높은 사람은 감정에 휘둘리지 않는다. 감정을 느끼되 그것이 판단을 흐리지 않도록 조절한다. 중요한 결정을 앞두고 충동보다 논리를 따르고, 대인관계에서도 한 박자 늦은 반응으로 상황을 통제한다. 이는 단순히 지적 능력이 아니라 정서 지능이 함께 높다는 증거다. 필자는 한 지인을 통해 이 특성을 실감한 적이 있다. 그는 회사 수십억 원 규모의 프로젝트 발표를 앞두고 극심한 스트레스를 받고 있었다. 회의 중 날카로운 지적에도 "좋은 말씀이시네요. 잠시만 생각을 정리해 볼게요"라며 차분히 응답했다. 감정적 반응없이 핵심을 짚어내는 모습은 오히려 회의 참석자들의 신뢰를 얻었다. 지능이 높다는 것은 결국 자기 감정을 다스리고 상황을 효과적으로 조율할 수 있는 힘이기도 하다.

넷째, 연결 능력이 뛰어나다. 서로 다른 분야의 지식이나 경험을 연결해 새로운 관점을 만드는 능력, 바로 창의성이다. 지능이 높은 사람은 단편적인 정보를 조합하여 기존에 없던 질문이나 해결책을 만든다. 사고의 확장성과 유연성이 이들에게는 특징적으로 나타난다. 대표적인 인물은 일론 머스크다. 그는 로켓공학, AI, 에너지, 뇌신경 인터페이스 등 전혀 다른 분야를 통합하며 혁신을 이끌고 있다. 그의 지능은 단순한 전공 지식에 머물지 않고, 서로 연결하고 융합해 새로운 시장과 기술을 창조해낸다.

지능은 단지 빠른 머리가 아니라, 더 깊고 유연하게 생각하는 힘이다. 그리고 그 힘은 조용히, 그러나 강하게 사람의 인생을 이끈다.

지능이 높은 사람들의 4가지 핵심 특징 요약

❶ 질문하는 능력 – 사고의 깊이를 키우는 내적 탐구심
❷ 무지를 인정하는 용기 – 배움을 지속하는 겸손함
❸ 감정과 이성의 분리 – 냉정한 판단과 정서 조절 능력
❹ 연결적 사고력 – 서로 다른 지식을 엮는 창의적 유연성

나를 힘들게하는
사람들에게 단단히 선 긋기

18

살다 보면 꼭 한 번쯤은 경험하게 되는 인간관계의 불쾌한 순간이 있다. 누군가가 나의 허락없이 마음 속 경계를 넘어오는 것. 그것은 말 한마디일 수도 있고, 손버릇일 수도 있고, 나의 자존심을 건드리는 태도일 수도 있다. 말하자면 '선을 넘는 사람들'이다. 그들은 겉으로 보기엔 다정하거나 사교적인 척하지만, 어느 순간 우리는 무례와 피로를 떠안게 된다. 그런데 더 큰 문제는, 이들에게 제대로 대응하지 못하면 점점 더 깊숙이 나를 침범한다는 것이다.

나를 보호하고 인간관계의 건강함을 유지하기 위해선, '선을 넘는 사람들'의 특징을 잘 알아야 한다. 정확한 파악 후, 감정적으로 흔들리지 않고 대응하는 전략이 필요하다. 이 글에서는 누구나 한 번쯤 겪는 선 넘는 사람들의 특징과, 그에 대한 현실적인 대처법을 필자의 경험담과 함께 살펴보겠다.

타인의 경계를 인식하지 못하거나 무시한다.
이들은 상대가 불편해하고 있다는 신호를 읽지 못하거나, 읽고도 모른 척한다. 직장 상사가 "우리끼린 편하게 지내자"며 사적인 질문을 쏟아내는 경우가 대표적이다. 결혼 계획, 월급, 가정사 등 상대의 프라이버시에 발을 들이면서도 "그냥 친해서 그래"라며 시시콜콜하게 무례한 질문을 계속한다. 상대방의 감정을 잘 읽는 것도 능력이다. 생각보다 둔한 사람들이 너무 많다. 과거 필자에 대해 너무 개인적인 질문을 아무렇지도 않게 하는 한 여성분이 있었다. 마치 나의 모든 것을 다 알아내고 싶어 안달난 사람같았다. 대답에 미소짓거나 머뭇거리면 반복해서 답할 것을 압박했다.

자기 기준과 감정이 중심이다.
선을 넘는 사람은 '내가 이 정도 했으면 괜찮은 거 아니야?'라는 태도로 행동한다. '장난'이라는 말로 타인의 기분을 덜어내고, 사과할 기회조차 날려버린다. 이들은 자신은 선을 넘지 않았다고 믿는다. 오히려 민감하게 반응한 상대에게 문제가 있다고 탓한다. 공식적으로는 상대방을 위하는 척하지만 정작 자신의 마음에 들지 않으면 지적하고 요구에 응하지 않으면 그 사람의 인품을 폄하하는 경우도 있다.

타인의 반응을 시험하거나 통제하려 한다
간을 본다는 표현이 있다. 대놓고 무례한 말을 한 후 상대가 어떻게 반응하는지를 보고, 괜찮다 싶으면 더 깊게 파고든다. "이 정도도 못 받아줘?", "왜 이렇게 예민해?"라는 말은 상대를 죄책감에 빠뜨려 자기 방어를 못 하게 만드는 전형적인 심리 조작 방식이다. 어느 주일날, 필자가 오랜만에 만난 A와 다

정히 걷고 있었다. 그런데 B가 다가와 A에게 "어머 세상에, 얼굴살이 왤케 없어. 너무 빠졌어, 왜 무슨 일 있어요? 내가 아는 A가 아니네."라고 말했다. A는 아무 말도 못 하고 멋쩍게 미소만 지었다. 그런데 여기서 끝나면 좋겠지만, B는 "너무 빠졌다니까, 진짜 무슨 일 있나보네."라며 거듭된 말을 이어갔다. 듣고 있던 필자도 점차 기분이 상했다. B가 떠나고 난 뒤, 필자는 "얼굴이 더 작아져서 전 보기 좋은데요."라고 말하자, 그제서야 A는 "고마워요." 하며 미소를 지었다. B는 평소에도 자신은 솔직한 사람이고 빈말을 못한다는 말을 자주 하는 사람이었다. 하지만 그 '솔직함'이라는 명목 아래 타인의 감정을 무시하고 선을 넘는 행동을 반복해왔던 것이다.

자, 그럼 이렇게 선 넘는 사람들에게 제대로 대응하는 방법에 대해 얘기해보자.

첫 번째, "지금 그 말, 조금 불편하네요"라고 선을 그어라
애매하게 웃거나 피하지 말고, 불편하다는 감정을 정확히 표현해야 한다. "그런 말은 불편합니다", "이야기가 조금 선을 넘은 것 같아요" 같은 표현은, 정중하면서도 단호하게 경계를 그을 수 있다. 철학자 쇼펜하우어는 "세상에서 가장 단호한 사람은 '아니오'라고 말할 줄 아는 사람이다"라고 했다. 무례함은

종종 우리의 침묵에서 자란다.

두 번째, 감정적으로 대응하지 말고, 객관적으로 표현하라
화를 내거나 예민하게 반응하면, 오히려 '감정적인 사람'으로 몰릴 수 있다. 감정은 감정으로 막지 말고, 구체적인 상황을 짚어내는 것이 좋다. 예를 들어, "지금 그 질문은 제 개인적인 부분이라 답변 드리기 어렵네요" 혹은 "이야기의 방향이 조금 당황스럽네요"처럼 '사실+느낌' 구조로 말하자. 필자의 경우, "그 질문엔 제가 대답하기가 좀 곤란하네요." 라고 말한다. 정말 무난한 표현이지만 효과적이다.

세 번째, 나를 위한 거리두기를 하자.
필자가 사람들에게 조언할 일이 생기면 늘 하는 말이 있다. 우리는 그저 홀로 걷는 여행자라고. 혼자서도 잘 지내는 사람이 되어야 한다. 이런 사람들은 인생에 새로운 누군가가 함께할 때도, 떠날 때도 자신의 삶이 있기에 흔들리지 않는다. 오히려 더 성숙한 자아로 성장한다.

또한 어떤 사람과의 관계는 거리를 둬야 건강해진다는 것을 인정하자. 나를 반복해서 불편하게 만드는 사람이 있다면, 관계를 줄이는 것이 정답이다. 오랜 만남을 했기에 그 시간이 아까워서 억지로 관계를 유지하는 것만큼 어리석은 것도 없다.

선 넘는 사람이 톡을 보내면 메시지에 늦게 답하거나, 의도적으로 만남을 피하는 것도 나를 지키기 위한 전략이다. 나를 존중하지 않는 사람에게 친절을 유지하는 건 내 에너지를 낭비하는 일이다. 필요한 거리 두기는 '차가움'이 아니라 '자기 보호'이며, 건강한 인간관계의 시작점이 된다.

나를 힘들게하는 사람들에게 단단히 선 긋기

❶ 감정을 명확히 표현하자 — "불편합니다"라는 말 한마디가 나를 지킨다.
❷ 객관적인 언어로 설명하자 — '느낌'이 아닌 '사실'로 반응하라.
❸ 관계를 재조정하자 — 거리두기는 무례한 사람에게 주는 가장 건강한 신호다.

건강한 손절의 기술,
인간관계 끊을 줄 알아야 산다

19

우리는 사회적 동물이기에 수많은 인간관계를 맺고 끊으며 성장한다. 하지만 모든 관계가 긍정적인 영향을 주는 것은 아니다. 때로는 지속적인 갈등, 정서적 소모, 혹은 서로에게 상처만 주는 관계가 존재한다. 이런 경우 건강한 손절이 필요하다. 손절은 단순한 단절이 아니라, 더 나은 삶을 위한 선택이며, 개인의 정신적·정서적 건강을 지키기 위한 방법이 될 수 있다.

한 중년여성이 필자를 찾아왔다. 얼굴은 무표정, 나이에 비해 너무 늙어 보이는 모습과 옷차림이 인상적이었다. 이 여성은 어느정도 필자를 신뢰했다고 생각했는지 자신의 고민을 털어놓기 시작했다. 큰 딸 학부모 모임 때 인연이 된 지인이 있는데 자신을 너무 가르치려 들어 스트레스를 받는다며 그녀와 나눈 톡내용을 보여주었다. 상처받는 부분에 대해 얘기해 보셨냐고 질문하니 되려 상대방이 상처받을까 봐 말 못하고 있다고 했다. 함께 알게 된 지 5년이나 되었는데 만날 때마다 자신에게 시어머니처럼 잔소리를 한다며 혀를 내둘렀다. 어떤 인간관계는 오히려 나에게서 에너지를 빼앗아간다. 지나치게 의존적이거나, 부정적인 영향을 주는 사람과의 관계는 정서적 피로를 유발한다. 지속적으로 비판하거나 감정적인 짐을 떠넘기는 사람과의 관계는 결국 내 삶의 질을 떨어뜨린다. 건강한 손절은 나의 정신적 평온을 되찾는 과정이다.

철학자 아르투어 쇼펜하우어(Arthur Schopenhauer)는 그의 저서 '인생론'에서 인간관계를 '고슴도치 딜레마'에 비유했다. 고슴도치들은 서로의 체온을 유지하기 위해 가까워지지만, 너무 가까워지면 가시에 찔려 다친다. 인간관계도 마찬가지로, 너무 깊이 얽히면 상처를 받을 수 있기 때문에 적절한 거리 유지가 필요하다는 의미다. 건강한 손절은 불필요한 상처를 피하고, 나에게 맞는 관계의 균형을 찾는 과정이 될 수 있다. 건강하지 않은 관계는 자존감을 갉아먹는다. 끊임없이 비교하거나 나를 존중하지 않는 사람과 함께한다면, 스스로를 소중하게 여기는 마음이 점점 사라질 수 있다. 건강한 손절은 자존감을 지키고, 나를 온전히 사랑할 수 있는 환경을 조성하는 중요한 과정이다.

과거 필자도 인간관계로 힘들었던 경험이 있었다. 성격상 거절을 잘 못하다 보니 원하지 않아도 예의상 만남을 유지했던 한 여성분이 있었다. 약속시간을 어기거나 변경은 다반사, 본인이 만나자고 해놓고 커피나 밥을 사는 것엔 인색한 여성이었다. 어느 순간부터는 필자에게 어떤 정보나 뭔가 요청사항이 있을 때만 연락을 한다는 것을 알게 되면서 서서히 관계를 정리했다. 철학자 프리드리히 니체(Friedrich Nietzsche)는 "당신을 죽이지 못하는 것은 당신을 더 강하게 만든다"라고 말했다. 건강한 손절은 단순히 관계를 끊는 것이 아니라, 자신을 보호하고 더 나은 방향으로 나아가기 위한 용기 있는 선택이다.

어떤 관계를 정리한다는 것은 곧 새로운 기회를 의미하기도 한다. 나를 진정으로 존중하고 긍정적인 영향을 주는 사람들과 관계를 맺기 위해서는 불필요한 관계를 정리하는 용기도 필요하다. 손절이 반드시 적대적인 단절일 필요는 없다. 자연스럽게 멀어지거나, 서로를 위해 거리 두는 것도 건강한 방법이 될 수 있다. 필자는 건강한 손절기술로 3가지를 제시하고자 한다.

첫번째는 감정적 거리 두기이다. 직장이나 모임 등과 같은 환경에서는 완전한 단절이 어려울 수 있다. 불필요한 감정 개입을 줄이고, 최소한의 대화만 유지하는 것이 효과적이다. 감정적 거리를 둠으로써 자신을 보호할 수 있다. 예를 들어, 불필요한 사적인 대화는 피하고, 공적인 업무 중심으로 소통하는 것이 도움이 된다. 예의있는 자세로 상대방을 대하자.

둘째는 명확한 선 긋기이다. 관계에 있어서 불필요한 논쟁이나 감정 소모를 줄이기 위해, 상대방에게 나의 성격, 가치관 등 한계를 분명히 전달하는 것이 중요하다. "밤 22시 이후에는 전화연락을 자제하는 편이라 그 전까지 연락주시면 감사드리겠습니다."와 같은 명확한 의사 표현이 도움이 된다. 또한, 직장에서는 이메일이나 메신저를 활용해 기록을 남기며 업무적으로만 소통하는 것도 효과적인 방법이다.

마지막으로는 긍정적인 인간관계 구축이다. 손절한 후에는 새로운 건강한 관계를 형성하는 것이 중요하다. 나를 지지해 줄 수 있는 사람들과 네트워크를 형성하면 정서적 안정감을 얻을 수 있다. 예를 들어, 협업이 원활한 동료들과 점심을 함께하며 긍정적인 관계를 쌓거나 나에게 좋은 영향을 주는 사람 또는 멘토와 대화를 하는 것도 방법이 될 수 있다.

결국, 인간관계는 내 삶을 더욱 풍요롭게 만들기 위한 것이다. 모두가 날 좋아할 수는 없다. 누군가는 이유없이 나를 좋아하기도 하고 싫어하기도 하며 또 누군가는 아예 관심이 없다. 그러니 너무 애쓰지 말자. 자신을 더 사랑하며 가꾸면서 사는 게 정신건강에 이롭다. 건강한 손절을 통해 더 나은 삶을 만들고, 나 자신을 더욱 소중히 여길 수 있기를 바란다.

건강한 손절의 기술, 인간관계 끊을 줄 알아야 산다

❶ 감정적 거리 두기 – 불필요한 감정 개입을 줄이고, 최소한의 대화만 유지하는 것이 효과적
❷ 명확한 선 긋기 – 관계에 있어서 불필요한 논쟁이나 감정 소모를 줄이자.
❸ 긍정적인 인간관계 구축 – 손절한 후에는 새로운 건강한 관계를 형성하는 것이 중요

자신감을 근육처럼 벌크업시키는 방법

20

남녀노소를 불문하고 자신감이 있는 사람의 모습은 참 멋지다. 이런 사람들을 보면 자기만의 삶의 기준과 패턴이 있다. 또 목표가 명확하고 이것을 이룰 수 있다는 신념도 강하다. 자신감있는 사람들은 왠지 쎈 이미지가 그려지는가? 실제로는 그렇지 않다. 이들은 자신의 삶을 사랑하고 자신이 결정한 일에 대한 믿음이 있기에 망설임도 없다. 주관도 뚜렷해 어딜가나 당당하다. 자신감은 삶의 모든 영역에서 중요한 요소로 작용한다. 이는 단순한 기분이나 태도가 아니다. 미국 하버드대학교 사회 심리학자 에이미 커디(Amy Cuddy)는 '파워 포즈(Power Pose)' 실험을 통해 자신감 있는 자세가 실제로 호르몬에 영향을 미친다는 사실을 밝혀냈다. 연구에 따르면, 당당한 자세를 취하는 사람들은 테스토스테론(자신감과 관련된 호르몬) 수치가 증가하고, 스트레스 호르몬인 코르티솔 수치는 감소했다. 이는 자신감을 표현하는 행동이 실제로 우리의 두뇌와 감정에 영향을 미친다는 것을 보여준다. 또한 미 스탠버드대학교의 심리학자 앨버트 반두라(Albert Bandura)는 '자기 효능감(Self Efficacy)' 개념을 제시하며 자신감이 높을수록 도전에 대한 두려움이 줄어들고, 문제해결 능력이 향상된다고 강조했다.

 먼저 자신감을 키우기 위해서는 작은 성공을 경험해야 한다. 너무 거창한 목표를 세워 쉽게 포기하지 말고 작은 변화를 주는 것부터 시작해야 한다. 필자는 아침마다 루틴을 꼭 지킨다. 눈 뜨자마자 간단한 기도(또는 명상)를 한 후, 운동을 하고 독서를 한다. 요즘엔 오디오 북이 너무 잘 되어 있어 할 일을 하면서 책을 읽을 수 있다. 아침엔 뇌가 맑아서 독서하기에 최적의 상태다. 아침에 일어나면 허둥지둥 나가기 바쁜데 이게 가능할까 의구심이 드는 분들도 있을 것이다. 그런데 조금만 일찍 일어나는 습관을 가져보자. 여유 속에서 출발하는 하루의 시작은 색다른 경험이 될 것이고 작은 성취감을 느끼게 될 것이다. '하늘은 스스로 돕는 자를 돕는다'는 속담이 있다. 눈꼽 떼기도 힘든 사람이라면 하늘이 도울 수 있을까? 그러면서 성공을 꿈꿀 수 있을까? 성공은커녕 아무것도 할 수 없다. 필자는 집에서 쉬는 날에도 일상의 루틴을 반드시 지킨다. 게으름과 싸워 이긴 내 자신이 자랑스럽게 느껴진다. 오늘 하루 잘 산 사람은 내일이 설레고 더 잘 살 수밖에 없다. 작은 일이라도 행동으로 옮겨라. 평상시보다 30분만 일찍 눈을 뜨고 하루를 여유롭게 출발해보자.

자기암시를 활용하자. 매일 아침에 거울을 보며 긍정적인 말을 스스로에게 건네는 습관이 도움이 된다. 아니 아주 많이 도움된다. 필자는 자기암시가 정말 중요하다고 생각한다. 우리의 뇌는 과거 현재 미래를 판단하지 못한다고 한다. 그저 내가 생각한대로 이뤄나갈 뿐이다. '나는 할 수 없어', '난 너무 부족한 사람이야.' 등 자신을 비하하는 부정적인 말을 자신도 모르게 하는 사람들이 너무도 많다. 그런 말들이 나 자신을 초라하게 만든다. '난 정말 잘 하고 있어', '점점 더 좋아지고 있어' 등 긍정적인 자기암시를 날마다 수시로 해 보자. 언어의 힘은 실로 대단하다는 것을 믿자. 주변에 말을 참 예쁘게 하는 사람들이 있다. 그런 사람들과 함께 있으면 일상이 편안하고 즐겁다. 말은 가장 먼저 나 자신이 듣는다는 것을 알아야 한다. 한 한의사가 말하길 병은 평생 우리와 함께 가는 존재라고 한다. 그러나 그 병을 키우는 것은 자기 자신이라고 말했다. 누군가를 미워하고 분노하며 스트레스를 받는 것은 자신의 몸을 병들게 하는 요인이라는 것이다. 참 맞는 말이다. 과거 필자의 한 지인은 늘 부정적인 말만 입에 달고 살았다. 그녀는 필자를 만날 때마다 자식 때문에 힘들고 자신도 온 몸이 아프고 남편은 날 도와주지 않는다고 하염없이 푸념을 늘어놓았다. 한 두 번 하고 말겠지 했으나 늘 변함없이 안 좋은 얘기를 계속 했다. 오히려 주변 사람들이 피하자 사람들이 날 도와주지 않는다고 인상을 찌푸리며 더 힘들어했다. 사람들은 당연히 밝고 긍정적인 사람을 좋아하고 가까이하고 싶어한다. 하루 중 자신이 긍정적인 생각과 말보다 부정적인 언행을 얼마나 자주 하는지 체크해 본다면 아마 놀랄 것이다. 우리 뇌는 긍정이든 부정이든 그대로 실행

한다는 것을 알아야 한다.

마지막으로 자기 계발에 힘쓰자. 앞서 필자는 독서의 필요성을 언급했다. 책을 읽는다는 것은 세상을 이해하는 폭이 넓어진다는 의미이기도 하다. 사람은 자기 수준의 세상을 보게 되어 있다. 지식을 쌓으면 쌓을수록 스스로가 얼마나 부족한지를 깨닫게 되니 더 자신을 발전시키기 위해 노력하게 된다. 적은 금액에 내가 원하는 시간과 장소에서 전문가들의 생각을 들여다볼 수 있는 기회가 바로 독서다. 이왕이면 좋은 까페나 도서관에서 독서할 것을 권하고 싶다. 나가기까지 준비하고 움직여야 하기 때문에 운동도 되고 리프레쉬도 되니 일석이조다. 뭔가 했다는 작은 성취감이 외출 단계에서부터 느껴질 수 있다. 그 외에 자신의 역량을 높일 수 있는 다양한 취미나 동아리 등도 좋다. 나를 성장시킬 수 있는 것이라면 뭐든지 좋다. 배움은 지식도 쌓게 되고 세상을 더 이해하게 되며 성취감을 느끼게 한다. 바로 행동으로 옮겨보자.

자신감은 타고난 것이 아니라 길러지는 것이다. 우리는 스스로를 믿고 당당하게 행동할 때 더 나은 기회를 맞이할 수 있다. 고개를 들고 어깨를 펴고 활짝 미소를 짓자. 오늘부터라도 자신의 강점을 인식하고, 작은 성공을 쌓아가며 자신감을 키워보자.

자신감을 근육처럼 벌크업시키는 방법

❶ 작은 성공 경험 – 너무 거창한 목표를 세워 쉽게 포기하지 말고 작은 변화를 주는 것부터 시작해야 한다.

❷ 자기암시 활용 – 매일 아침에 거울을 보며 긍정적인 말을 스스로에게 건네는 습관이 도움이 된다.

❸ 자기 계발에 힘쓰기 – 책을 읽는다는 것은 세상을 이해하는 폭이 넓어진다는 의미이기도 하다.

사람을 질리게 하는 사람, 혹시 나?

21

사람들과 관계가 어떠냐에 따라 삶의 즐거움이 좌우될 때가 정말 많다. 때론 사람들 때문에 피로감과 스트레스가 유발되기도 한다. 필자도 바쁜 업무에 스트레스를 받을 때가 많지만 좋은 사람들과 만나서 대화하는 것만으로도 활력을 되찾곤 한다. 특정한 행동과 태도로 인해 사람들에게 부담을 주고 관계를 소모시키는 사람들이 있다. 그럼, 사람들을 질리게 만드는 세 가지 주요 특징과 이를 피하기 위한 방법에 대해 살펴보자.

첫째, 끊임없이 부정적인 태도로 일관하는 사람들이다. 항상 부정적으로 생각하거나 불평불만을 늘어놓는 사람들이 있다. 이런 사람과 대화를 하다 보면 피로감이 저절로 쌓인다. 필자는 몇 년 전 한 지인을 알게 되었다. 이 분은 장애인 딸을 둔 엄마이기도 했다. 어느 정도 친해진 후 자신의 얘기를 하는데 "자녀 때문에 힘들다", "온 몸이 아프다"라는 말을 정말 많이 했다. 처음엔 얘기를 들어드리고 위로도 해 드렸으나 대화할 때마다 같은 말을 반복했다. 애써 위로의 말을 건네면 "고마워 근데~"하면서 부정적인 말로 하소연하기 시작했다. "괜히 말했나?", "조언을 구해 놓고 전혀 들으려 하지 않는구나." 답답하기도 하고 언제까지 들어줘야 하나 슬슬 마음이 버거워졌다. 이 분과 대화를 하고 나면 나까지 우울한 기분이 들어 연락이 올 때마다 부담이 되었다. 이러한 태도는 상대방에게 부정적인 영향을 미치며, 관계의 질을 떨어뜨리게 된다. 이 글을 읽는 여러분도 자신은 어떤 언어를 많이 쓰는지 점검해 보길 바란다. 자신의 감정 상태를 자주 점검하는 것이 좋다. 긍정적인 관점을 유지하는 사람들은 밝고 활기찬 에너지를 사람들에게 주기 때문에 주위에 사람들이 모일 수밖에 없다. 또, 어떤 문제가 발생했을 때 문제를 해결하려고 노력하는 자세가 필요하다. 자신의 부정적인 감정 상태에 빠져 헤어 나오지 못하는 사람도 있다. 조금이라도 개선하려는 의지가 필요하다.

둘째, 과도한 집착과 요구를 하는 사람들이다. 상대방에게 지나치게 관심을 보이거나 과도한 연락과 요구를 하는 사람들이 있다. 이럴 경우 관계의 균형을 깨뜨릴 수 있다. 더 나아가 상대방에게 부담으로 작용하게 되며 관계가 단절되는 원인이 될 수 있다. 과거 필자가 한 모임에 참여하게 되었는데 약속 시간이 거의 다 되었을 즈음 모임에 총무인 여성 분한테 전화가 왔다. 주차를 하는 중이라 전화를 받지 못했다. 그랬더니 전화가 계속 오기 시작했다. 운전이 서툴러 겨우 겨우 주차를 하고 숨 돌릴 새도 없이 부랴부랴 이분께 전화를 걸었다. 그 5분도 안 되는 사이에 자그마치 5번은 넘게 전화가 왔다. "이분 뭐지?" 무척 당황스러울 수밖에 없었다. 또 한 번은 어디로 나오라고 해서 저녁 때 차를 끌고 갔더니 이 여성 분이 없었다. 기다리다가 전화를 드리니 본인이 급한 일이 생기는 바람에 못 나갔다며 웃으며 말하는 것이 아닌가? 그 후 이분과는 거리를 두게 되었다. 상대방의 개인적인 공간과 시간을 존중해야 한다. 자신의 입장에서만 생각하고 타인의 상황과 형편은 안중에도 없는 사람들이 있다. 아주 급한 상황이 아니라면 상대방이 전화나 톡 답변이 늦었다고 해서 다그치거나 계속 연락하는 것을 자제해야 한다. "통화 가능하세요?", "늦은 시간 죄송합니다"등 관계 중심을 자신에게서 상대방으로 옮기고 균형 잡힌 건강한 상호작용을 해야 한다.

마지막으로 자기 중심적인 태도를 갖는 경우다. 대화에서 자신의 이야기만 하거나, 상대방의 이야기를 무시하는 태도는 관계를 피곤하게 만든다. 자기 중심적인 사람들은 다른 사람들의 감정을 고려하지 않기 때문에 신뢰와 호감을 잃기 쉽다. 필자에게 한 여성 분이 조언을 구한다며 연락이 와서 만남을 했다. 이분의 고민은 사람들이 자신을 너무 어려워해 외롭다고 했다. 그런데 필자는 이 분을 왜 사람들이 부담스러워하는지 알 것 같았다. 필자가 이 분의 말을 듣고 이야기를 할 때 중간에 자르며 자신의 생각이 얼마나 옳은지에 대해 열변을 토했다. 조언을 구한다면서 말이다. 아무 말도 못하고 만남 시간 내

내 그저 듣기만 할 수밖에 없었다. 대화 중에 상대방의 이야기를 잘 경청하고 공감해 주는 것은 매우 중요하다. 모든 처세관련 책에서 이 부분을 강조하는 것은 그만큼 잘 안되기 때문이기도 하다. 들어주고 공감하는 게 얼마나 어려운가? 내공이 없으면 결코 쉽지 않다. 그렇기에 경청과 공감의 태도는 많은 사람들에게 멋져 보이고 매력적인 사람이 될 수밖에 없다.

사람을 질리게 만드는 행동은 관계를 손상시키고, 결국 자신을 고립되게 만든다. 자신의 행동을 돌아보고 상대방의 입장을 생각하는 연습을 통해 더 건강하고 지속 가능한 관계를 만들 수 있다. 사람들과의 관계는 상호 존중과 배려를 바탕으로 성장한다. 이러한 노력은 우리를 더 많은 이들에게 사랑받는 존재로 만들어 줄 것이다.

사람을 질리게 하는 사람, 혹시 나?

❶ 끊임없이 부정적인 태도로 일관 – 항상 부정적으로 생각하거나 불평불만을 늘어놓는 사람들이 있다.
❷ 과도한 집착과 요구 – 관계의 균형을 깨뜨리고 상대방에게 부담으로 작용하게 되며 관계가 단절되는 원인이 될 수 있다.
❸ 자기 중심적인 태도 – 대화에서 자신의 이야기만 하거나, 상대방의 이야기를 무시하는 태도는 관계를 피곤하게 만든다.

고급스러운 '명품 인간'이 되고 싶다면

22

최근까지 많은 사람들은 올드머니 스타일에 열광했다. 세련되고 고급스러운 그 느낌을 가지고 싶기 때문이다. 이런 멋진 느낌은 타고난 것일까? 돈이 많고 학벌이 뛰어나고 집안배경이 좋은 사람들, 적어도 대기업 이상의 좋은 곳에서 일하는 사람들만이 이런 분위기를 가질 수 있는 것일까? 명품의상과 구두에 고급 외제차를 몰고 한 손엔 비싼 텀블러를 들고 있어도 소위 싼 티가 나는 사람도 필자는 여럿 보았다. TV에 나오는 대기업가 며느리들의 우아하고 멋진 모습을 우리는 동경할 때도 있다. 맞다. 그들은 분명 세련되고 고급스러워 보인다. 그러나 돈이 많고 적고, 학벌이 좋고 나쁘고에 국한되진 않는다. 그럼, 이런 멋진 아우라를 비싼 수강료를 들이지 않고도 만들 수 있는 방법에 대해 알아보자.

고급스러운 사람들은 비속어나 욕설을 쓰지 않는다. 얼마 전 경복궁 문화행사에 지인과 함께 참석했다. 전통한복 모양의 천 포장지를 만드는 체험인데 바느질을 오랜만에 해보는 거라 무척 어려웠다. 우리 옆 테이블에 젊은 여자분들이 곱게 한복을 입고 와서 바느질을 하고 있었다. 필자처럼 어려웠는지 서로 수근 대며 열심히 바느질을 했다. 근데 이들이 말할 때마다 "존X 힘들어, 씨X" 이 소리가 계속 들리기 시작했다. 그 고운 한복을 입고 말이다. 이 행사에 외국인들도 구경하고 있었기에 참 민망하단 생각이 들었다. 그만 좀 입을 다물었으면 하는 간절함이 생겨 나름 살짝 쳐다보기도 했으나 자기들끼리 시선을 주고 받으며 깔깔거리며 매우 즐거워했다. 말이 주는 기운은 정말 강하단 생각이 든다. 평상시 쓰는 언어도 어떻게 전달하느냐에 따라 느낌은 확연히 달라진다. 거친 언어는 그 사람의 정신도 거칠게 만든다. 비속어가 섞인 욕설은 자신을 위해서라도 쓰지 않는 게 좋다.

고급스러운 사람은 자신의 외모와 건강관리에 신경 쓴다. 너무도 당연한 얘기다. 사람을 볼 때 가장 먼저 보는 곳은 외모일 수밖에 없다. 그 사람의 전체적인 느낌이 깔끔하고 단정할 때 우리는 호감을 느끼게 된다. 얼굴 안색이 좋지 않거나 어디 아픈 사람처럼 가난한 표정을 하고 있는 사람에게 긍정적인 에너지를 느끼지 못한다. 꾸준한 운동과 균형 잡힌 식습관으로 건강관리를 해야 한다. 비싼 PT를 받지 않아도 매일 꾸준히 운동을 하는 것이 중요하다. 또 음식도 인스턴트 음식이나 패스트 푸드보다는 몸에 좋은 건강식을 좀 더 챙겨 먹는게 좋다. 의상도 마찬가지다. 비싼 옷은 아니어도 실밥이 튀어 나와있지는 않은지, 옷이 구겨져 있지 않은지 신경써야 한다. 청결한 헤어관리, 콧털, 귀지, 손톱관리 등은 깔끔하게 하도록 해야 한다. 필자가 참석한 어느 모임에서 한 여성이 앞에 앉아 있었다. 그런데 이 여성이 입은 블라우스 어깨에 짧은 실밥이 여러 개 나와 있는 것이 아닌가? 뒤에 앉아있다 보니 이 여성의 어깨에 시선이 계속 갈 수밖에 없었다. 이 실밥으로 인해 자기관리에 게으른 사람으로 비춰질 수 있다.

    대화할 때 품격이 있어야 한다. 이들은 어떠한 주제로도 대화를 즐겁게 할 수 있는 능력을 가지고 있다. 과거 필자는 여러 전문가들이 모이는 친교모임에 초대받아 참석했던 경험이 있다. 각 분야의 전문가들이 모이는 자리였다. 필자 입장에선 다른 분야에 대한 의견들을 들을 수 있는 좋은 기회라고 생각해 모임이 즐겁기만 했다. 그런데 어떤 한 분은 자신이 관심이 없는 주제가 나올 땐 입을 다물고 핸드폰만 쳐다보는 것이 아닌가. 그러다 보니 사람들도 필자도 이 분의 눈치를 안 볼래야 안 볼 수가 없었다. 자신은 그저 가만 있었겠지만 대화의 흐름이 어색해지고 전체 분위기가 썰렁해져 버렸다. 어떤 주제의 대화가 나와도 설령 자신이 모르는 내용이라도 시선을 마주치며 경청하는 자세는 매우 중요하다. 상대방이 이야기할 때 핸드폰을 보거나 먹기만 하고 있으면 말하는 사람도 상대방의 정수리와 대화하는 것도 아니기에 참 민망할 수밖에 없다. 배우는 자세로 경청과 질문을 하면 모임의 분위기는 훨씬 더 생동감이 넘치고 즐거울 수밖에 없다. 다시 함께 만나고 픈 사람이 되는 것이다. 자신이 말하는 것에 서툴다면 모임에 참석하기 전에 미리 말 연습을 하고 가는 것도 좋다. 또 부지런히 자기계발을 해야 한다. 독서와 학습으로 지식을 쌓고 상대방을 존중하는 태도로 대화에 참여하도록 하자.

고급스럽고 세련된 사람이 되는 것은 단기간에 이루어지는 것은 아니다. 지속적인 노력과 자기계발을 통해서만 이룰 수 있다. 위에 제시한 여러가지 방법들을 일상에 적용해 멋진 품격을 지닌 여러분이 되시길 바란다.

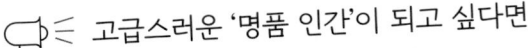 고급스러운 '명품 인간'이 되고 싶다면

❶ 고급스러운 사람들은 비속어나 욕설을 쓰지 않는다.
❷ 고급스러운 사람은 자신의 외모와 건강관리에 신경 쓴다.
❸ 부지런히 자기계발을 해야 한다.

흔들리지 않는 편안함, 근거는 자신감

23

독자 여러분 주변에 참 부러운 사람이 있는가? 그 사람의 특징은 무엇인가? 여러가지 요소가 있겠지만 그 중 하나가 바로 자신감 있는 그 사람의 모습일 것이다. 세상은 빠르게 변화한다. 그러나 나는 뒤쳐진 것 같고 남들은 다 잘난 것 같다. 금수저처럼 보이는 선남선녀들의 인스타그램의 사진들을 볼 때마다 주눅도 든다. SNS의 발달은 우리에게 편리한 소통의 시대를 열어주었지만 남들과 비교되는 나에 대한 자신감 부족, 열등의식, 좌절감 등도 안겨주었다. 그러나 분명히 알아야 될 점은 자신감 있는 사람들은 모두 금수저이기 때문은 아니다.

필자가 아는 한 여성분이 있다. 집안이 정말 잘 살고 조상 때부터 소위 뼈대있는 집안이다. 그러나 이 분은 늘 열등의식에 사로잡혀 며느리들의 험담을 하곤 했다. 며느리가 자신이 원하는 수준의 선물을 사오지 않은 것에 대해 자신을 무시했다며 무척 화를 냈던 모습이 아직도 필자의 기억에 선하다. 이 분은 외모도 출중하다. 언니들도 모두 미스코리아 출신이라고 했다. 남편의 직업도 너무 훌륭하고 얘기를 들어보니 언니들도 모두 좋은 집안의 남편을 두고 있었다. 부친은 나랏일을 할 정도로 매우 유명한 분이셨다. 그런데 이 분은 어쩌다가 이렇게 열등의식에 사로잡히게 된 것일까? 아들들이 모두 자신의 아내 밖에 모르는 부분이 서운했고 그래서 며느리들이 다 미웠다고 했다. 이 말을 하는 그분의 모습에선 썰렁한 기운만 느껴졌을 뿐이었다.

만나면 만날수록 매력이 느껴지고 가치가 올라가는 사람들이 있다. 잘 살아서도 예뻐서도 아니다. 타고나서도 아니다. 도대체 어떤 매력이 있기에 사람들에게 시간이 지날수록 더 호감을 주는 것일까? 오늘날 현대인들이 행복하게 살기 위해서 가장 필요한 덕목은 자신감이라고 생각한다. 그렇다면 자신감있는 사람들의 몇 가지 공통된 특징은 무엇일까. 독자 여러분들도 멋진 사람이 되고 싶다면 그냥 읽기로 끝내지 말고 꼭 실천해 보시길 바란다.

첫째, 말에 힘이 느껴진다. 이는 자신감을 보여주는 가장 강력한 도구라고 생각한다. 자신감있는 사람들은 말을 할 때 확신에 차 있다. 또한 명확하게 자신의 의견을 표현할 줄 안다. 즉흥적인 상황에서도 당황하지 않고 논리적으로 말하며 목소리 톤도 또렷하다. 또한 긍정적인 어휘를 잘 사용할 줄 안다. 긍정적인 언어 사용은 나 자신뿐만 아니라 상대방에게도 좋은 영향력을 준다. 자신감 있는 사람들은 남을 비방하거나 욕하는 것에 그다지 관심이 없다. 설사 그런 모임에 있다고 해도 동조하지 않는다. 그럴 이유가 전혀 없기 때문이다.

둘째, 경청이다. 이들은 상대방을 존중하고 이해하는 태도가 몸에 베어 있다. 자신감있는 사람들은 상대방의 말을 잘 경청하는데 능숙하다. 대부분의 사람들은 자신의 이야기를 하는데 에너지를 더 투자하지만 이들은 상대방의 얘기를 들으면서 정보를 더 많이 얻는데 중점을 둔다. 이런 태도는 이야기를 하는 입장에선 듣는 사람에 대한 호감도와 신뢰감이 높아질 수밖에 없다. 잘 듣는 것은 쉬울 것 같지만, 매우 어려운 기술이란 것을 모두가 잘 알고 있다. 그렇기에 희소가치가 있다. 경청을 통해 상대방을 존중하고 있다는 느낌은 원활한 의사소통을 가능케 하고 상대방을 내편으로 만드는 강력한 무기가 될 수 있다. 상대방의 말을 잘 들어줌으로써 좋은 이미지와 더불어 타인에게 신뢰감을 주어 비즈니스에 있어서도 유리한 위치에서 리드할 수 있게 된다.

셋째, 흔들리지 않는 나만의 가치관, 즉 소신이다. 이런 사람들은 확고한 자신만의 소신을 가지고 있다. 남들의 시선이나 평가에 흔들이지 않고 자신의 가치관을 지키려고 노력한다. 과거 한 cf광고에서 모두가 예스라고 할 때 노라고 말할 수 있는 사람이란 내용의 광고가 있었다. 대부분의 사람들은 다수의 의견과 분위기에 휩쓸려간다. 깊게 생각하기도 귀찮고 특이한 사람으로 낙인 찍히는 것도 두렵다. 그러다 보니, 자신의 소신은 온데 간데 없고 그저 남의 의견에 동조하고 눈치만 보며 살게 된다. 이런 삶은 주체적인 삶이 아니다. 남들이 다 하니까 나도 하고 그저 따라가는 수동적인 사람이 되고 만다. 이게 꼭 나쁜 것만은 아니다. 그러나 건강한 멘탈을 유지하기 위해서는 타인에 의한 결정이 아닌 무엇이든지 자기 스스로 결정하고 성취한 삶이었을 때 건강한 삶이 될 수 있다.

걸음걸이도 당당하고, 제스처도 깔끔하고, 타인의 의견도 존중할 줄 아는 사람은 누가봐도 참 멋있다. 자신감은 타고난 것이 아니라 후천적으로 길러질 수 있는 능력이다. 말의 힘, 경청, 소신을 통해 자신의 삶을 멋지게 변화시키길 바란다.

흔들리지 않는 편안함, 근거는 자신감

첫째, 말에 힘이 느껴진다. – 자신감있는 사람들은 말을 할 때 확신에 차 있다.
둘째, 경청이다. – 이들은 상대방의 말을 잘 경청하는데 능숙하다.
셋째, 흔들리지 않는 나만의 가치관, 즉 소신이다. – 타인에 의한 결정이 아닌 자기 스스로 결정하고 성취한 삶이었을 때 건강한 삶이 될 수 있다.

PART
3

상대를 대하는 마음

좋은 리더는 피드백이 아닌 피드포워드를 한다!

24

업무성과를 높이기 위해 늘 빠지지 않고 하는 것이 피드백 (Feedback)이다. 피드백의 사전적 의미는 '진행된 행동이나 반응의 결과를 본인에게 알려주는 일'이다. 목적은 앞으로 더 발전하고 높은 성과를 내기 위함이다. 그런데 피드백을 할 때마다 우리는 긴장을 하게 된다. 마치 선생님께 야단맞는 학생이 된 기분이 든다. 심지어 사람의 성향에 따라 주눅드는 경우도 있고 업무 추진 동력이 떨어지기도 한다. 필자도 과거 직장생활을 할 때 마찬가지 경험을 한 적이 있다. 상사와 교육계획 보고서에 대한 대화를 나누었다. 그런데 앞으로 어떻게 해야 하는지에 대한 초점이 아닌 무엇이 잘못되었는지에 대한 대화만 진행되었다. 장황하게 설명하는 상사의 말에 '도대체 말하고자 하는 바가 무엇일까?' '그럼 앞으로 어떻게 하라는 말일까?' 의문만 들었던 기억이 있다.

피드백 자체가 업무에 대한 반성의 의미가 더 크다 보니 무엇을 잘했는지에 대한 부분보다는 잘못된 부분에 대해 더 크게 부각되는 면이 있다. 피드백을 하는 상사도 부담이 된다. 싫은 소리를 해야 하기 때문이다. 받는 입장에서도 기분이 썩 좋을 수가 없다. 서로가 힘든 과정이 돼 버리는 경우가 많다.

업무효율도 높이고 서로가 부담되지 않는 건강한 방법

은 무엇일까? 바로 피드백을 하되 비중을 줄이고 피드포워드(Feedforward)식 질문기법을 활용하는 것이다. 아직 이 용어가 생소한 분들도 있을 것이라 생각된다. 많이 대중화되지는 않았지만 수많은 기업이나 코칭 기법으로 시도되고 있다. 피드포워드는 '상황이 일어나기 전에 결과를 예측하여 정보를 주고 다음 단계를 제어하는 방식'을 뜻한다. 좀 더 쉽게 설명하면, 피드백을 넘어 앞으로 더 나은 방향으로 갈 수 있도록 격려하고 포커싱(Focusing집중)하는 방식이라고 할 수 있다.

이러한 방식은 서로 싫은 소리를 하지 않아 부담도 줄일 수 있게 되고 회의의 분위기나 사기가 더 올라가 업무성과로 이어질 수 있게 된다. 피드백의 비중을 줄이고 피드포워드로 소통하자. 이는 업무 뿐만 아니라 대인관계에서도 좋은 효과를 낼 수 있다. 또한 자신에게 어떠한 질문을 던지느냐에 따라 그날 하루의 질도 바뀌게 된다. 질문 하나만 바꾸었을 뿐인데 나의 삶의 변화까지 주게 되니 일석이조가 아닐 수 없다.

그렇다면 업무에 어떻게 적용하면 좋을까. 직장인 가족을 위한 '자녀 그림그리기 대회' 행사에 대한 상사와 실무자와의 대화를 예로 들어보자. "김대리, 이번에 진행한 행사에 대해 잘한 점과 부족했던 점이 뭐라고 생각하세요?" "행사가 큰 사고

없이 잘 진행된 점과 몇몇 가족 인터뷰를 한 결과 모두 즐거웠다는 반응을 준 점을 말씀드리고 싶습니다. 반면 부족했던 점은 지난번과 똑같은 콘텐츠로 진행된 점이 아쉽기는 합니다. 앞으로 더 좋은 행사가 되도록 노력해 보겠습니다." 피드백만 진행된 경우다.

이 대화에 피드포워드 질문을 더해 보자. "김대리 이번 행사는 지난 행사와 같이 무난히 잘 진행된 점, 무척 애쓰셨습니다. 내년 행사를 준비해야 할텐데 김대리가 생각하기에 더 집중해서 발전시켜야 될 점 하나가 있다면 무엇이라고 생각하시나요?" "네, 제 생각에는 이번 행사는 작년 행사와 크게 다른 점이 없었다고 생각됩니다. 향후 행사 콘텐츠를 좀 더 업그레이드하면 좋겠다는 생각이 듭니다. 아이들의 그림 그리기 뿐만 아니라 마술쇼나 캐리컬쳐 이벤트 등 부모와 함께 참여할 수 있는 프로그램을 기획하면 모두가 즐거운 행사가 될 수 있을 것으로 생각됩니다. 부장님 생각은 어떠신지요?" 상사가 실무자를 존중하고 지지하는 느낌을 주게 되니 실무자도 더 잘 해야겠다는 긍정적인 에너지와 인정받는다는 생각이 들게 된다.

아침에 눈을 뜨면 여러분은 무슨 생각을 하는가? 출근준비하기에도 바쁜데 무슨 생각을 하냐고 반문할 수도 있겠다.

내 삶을 좀 더 여유있고 나은 삶으로 바꾸고 싶다면 이제 딱 10분만 투자하자. 거울을 보며 나 자신에게 질문해 보는 것이다. 'OO야, 오늘은 어떤 삶을 살아갈거니? 리더로서 어떤 마음가짐이 필요할까?' '뭐든지 차근차근 하면 돼. 오늘도 힘내자. 홧팅!' 하루를 어떤 마음가짐으로 살 것인가 자신에게 질문하고 안하고의 차이는 너무도 크다. 우리의 뇌에 긍정적인 언어로 재셋팅해야 한다. 자신을 소중히 여기고 사랑하는 사람은 타인을 배려하고 대인관계도 더 건강하게 잘 할 수 있게 된다. 과거에 집착해 머무는 사람이 아닌 미래지향적 소통으로 하루하루 변화하고 성장하는 여러분이 되길 바란다.

좋은 리더는 피드백이 아닌 피드포워드를 한다

❶ 피드포워드란, '피드백을 넘어 앞으로 더 나은 방향으로 갈 수 있도록 격려하고 포커싱(Focusing집중)하는 방식'이다.
❷ 피드포워드 질문방식은, 업무효율도 높이고 서로가 부담되지 않는 건강한 방법이다.
❸ 자신에게 어떠한 질문을 던지느냐에 따라 그날 하루의 질이 바뀐다.

칭찬을 받으면 고래처럼 춤을 춰야할까?

25

여러분은 칭찬을 받으면 어떻게 반응하는가? 많은 사람들은 누군가에게 칭찬을 받게 되면 매우 어색해하거나 어떻게 대답을 해야할 지 난처해한다. 필자 또한 겸손함이 중요하다는 가르침을 받아왔기에 사회초년생 시절 상사가 업무에 대한 칭찬을 하거나 누군가 외모에 대한 긍정적인 관심의 말을 해주면 "아, 아닙니다."라고 얼버무리곤 했다. 그런데 한번 생각해 보자. 상대방이 애써 나에 대한 호감의 표시로 어쩌면 용기내어 한 말일 수도 있는데 어색한 반응이나 심지어 부정적인 반응을 보인다면 그 말을 한 상대방의 입장은 어떨까?

칭찬의 사전적 의미는 '좋은 점이나 착하고 훌륭한 일을 높이 평가함 또는 그런 말(네이버 국어사전 참고)'이라고 한다. '칭찬은 고래도 춤추게 한다'는 말이 있다. 책 제목이지만 이 말은 많은 사람들이 인용하는 말이기도 하다. 참 재미있는 사실은 진정성이 있든 없든 사람들은 모두가 칭찬을 좋아한다. 사람은 인정과 사랑받고 싶은 욕구가 있다. 그냥 한 말일지라도 누가 했느냐에 따라서도 말의 가치는 달라진다. 평소 자신이 호감을 느끼고 있는 상대방이 플러팅(Flirting, 이성에게 호감을 가지고 유혹할 목적으로 하는 행위)으로 한 말이라면 이 칭찬은 매우 큰 감동과 설렘, 기쁨을 주게 된다. 그런데 전혀 관심없는 사람이 내게 적극적인 칭찬을 쏟아낸다면 부담이 되거나 호구로 느껴지기도 한다. 그러나 이런 역효과는 극히 드물다. 대부분의 사람들은 호의적인 칭찬에 매우 감사함을 느낀다. 나를 관심있게 봐 주는 칭찬을 받았다면 이제부터 상대방의 말에 센스있게 반응해보자. 아마도 훨씬 더 좋은 관계로 발전하는 계기가 될 것이다.

먼저 첫째, 칭찬에 대해 인정하고 기쁘게 받아드리자. 이를테면 상대방이 나에게 "옷을 정말 잘 입으시네요, 정말 센스있으세요."라고 말할때 "네~그렇게 말씀해 주시니 기쁘네요. 정말 감사합니다."라고 화답해 보자. 혹은 상대방이 "발표하시는 거 뒤에서 봤는데 어쩜 그렇게 떨지 않고 말을 잘 하세요?"라고 말을 건네오면 "어머, 정말이요? 늘 좋게만 봐 주시니 힘이 나네요. 정말 열심히 준비했는데 다행입니다."라고 응답해 보자. 이처럼 누군가 내게 긍정적인 칭찬의 말을 했다면 그 말에 고래처럼 춤을 추며 반응해 보자. 밝은 미소로 말할 때 상대방도 저절로 긍정의 에너지를 느끼게 된다. 이런 반응에 상대도 좋은 인상을 받게 되어 칭찬을 더 하고 싶어지고 서로가 더 친밀한 관계로 성장할 수 있게 된다.

둘째, 칭찬을 하는 상대방을 주인공으로 만들자. 이를테면 "OO님께서 좋게 말씀해 주시니 제가 정말 기분이 좋아요. OO님도 진짜 옷 입는 센스가 남다르세요.", "OO님은 늘 저한테 응원을 해 주시네요. 그래서 발표를 더 잘 할 수 있었어요, OO 님 응원 덕분입니다."라고 말하는 것이다. 간혹 내가 상대방을 칭찬하면 자신이 을의 입장이 된다고 생각하는 사람들이 있다. 또, 자존감이 낮은 사람들 중에는 상대방에 대한 칭찬 반응에 인색한 경우도 있다. 칭찬을 잘 하는 사람들은 긍정적이고 마음의 여유가 있거나 안정감이 있는 사람들이 대체로 많다. 누군가를 칭찬한다고 해서 내가 초라해지는 것이 아니다. 센스있는 사람이 되고 싶다면 '기브 앤 테이크(Give & Take, 주고받기)'를 잘 활용하자. 칭찬의 한 마디는 비싼 명품 선물보다 더 큰 가치가 있다. 칭찬을 받게 되면 말해 준 사람에게 관심이 갈 수밖에 없다. 더 호의적인 관계가 되어 업무협조나 어떤 일이 생겼을 때 긍정적인 도움을 서로 주고받을 수 있게 된다. 칭찬은 그 큰 고래도 움직일 수 있는 힘이 있는 것이다. 칭찬한 사람이 주체가 될 수 있게 만들어 주자. 이렇게 하면 칭찬은 선 순환이 되고 상대방도 뿌듯함을 느끼게 된다.

마지막으로 유머로 반응해 보자. 매력적인 사람들의 조건으로 유머감각을 꼽는 경우가 많다. 유머감각이라고 해서 개그맨처럼 되라는 것이 아니다. 말을 예쁘게 하면 된다. 이런 사람들을 보면 주변에 좋은 사람들이 많고 인기도 많다. 유머감각은 정신적으로나 육체적으로나 건강하고 여유 있는 사람들이 잘 한다. 유머러스함을 갖춘 사람들은 매력적일 수밖에 없다. "이렇게 좋은 말만 해 주시니 오늘 커피 한잔 쏘겠습니다.", "~ 말씀해 주시니 제가 춤추는 고래가 된 느낌이네요. 열심히 일하겠습니다, ○○님!"

불과 얼마 전, 우리는 코로나로 힘든 시간을 보냈다. 힘겹게 버티는 삶을 살다 보니 '나는 무엇을 위해 사는가?'하는 생각도 들었다. 열심히 살았는데 아무도 관심조차 주지 않는다. 그러다 작은 실수 하나 했을 뿐인데 '옳거니, 잘 걸렸다'며 갑자기 수많은 질타를 받을 때도 있다. 분명한 사실은 설령 아무도 인정해 주진 않았을지라도 우리는 지금까지 열심히 살아왔다는 것이다. 그리고 어제보다 조금 더 성장도 했다. 고래도 처음부터 사람의 관심에 춤추지는 않았을 것이다. 내 삶에 가치를 더 높이고 싶은가. 그렇다면 상대방의 칭찬과 격려의 말에 감사함의 마음나누기 연습을 시작해 보자.

📢 칭찬을 받으면 고래처럼 춤을 춰야할까?

첫째, 칭찬에 대해 인정하고 기쁘게 받아드리자.
둘째, 칭찬을 하는 상대방을 주인공으로 만들자.
세번째, 유머로 반응하자.

직장에서 호구가 되지 않는 3가지 방법

26

직장생활을 하다 보면 '내가 호구인가?'란 생각을 할 때가 있다. 누군가에게 솔직히 할 수 없는 말이기도 하다. 아직까지 고민해 본 적이 없다면 축하드린다. 그런 사람은 참 건강하게 사회생활을 잘하고 있다고 보면 된다. 그런데 이 단어가 어쩐지 낯설지 않다면 오늘 필자의 글을 한번 읽어보고 참고해 보길 바란다. 누구나 세상을 멋지고 당당하게 잘 살고 싶다. 이왕이면 인기도 있는 '인싸'(사람들과 잘 어울리는 사람, 신조어)면 더 좋겠다. 그러나 내 맘 같지 않은 세상에서 살아남기 위해서는 어쩔 수 없이 눈치라는 것을 보며 살 수밖에 없다. 어쩌면 당연하다. 눈치(센스)는 너무도 중요하다. 나설 때 나서지 말아야 할 때, 해야 할 말, 하지 말아야 할 말을 잘 구분해서 적재적소에 잘 사용하는 사람들은 어디서나 대접받는다. 그럼 직장에서 호구가 되지 않고 당당하고 즐겁게 일할 수 있으려면 어떻게 해야 할까.

첫째는 자신의 강점과 약점을 정확히 인지해야 한다. 모든 사람들은 완벽할 수 없다. 처음 회사를 입사했을 때 대부분 비슷한 실력을 가지고 입사를 하게 된다. 입사한 지 얼마되지 않았을 때는 별 문제가 없지만 시간이 지날수록 직장내에서 환영받는 사람과 그렇지 않은 사람으로 나뉘게 된다. 도대체 어떤 부분 때문일까? 가장 중요한 요소는 자신을 잘 알고 제일 잘 하는 부분을 더 부각해서 일하는 업무태도라고 할 수 있다. 자신의 전공 업무는 당연히 잘 해야 한다. 그런데 만약 업무와 상관없거나 전혀 못하는 부분을 상사가 지시하거나 동료가 부탁했을 때다. 이럴 때는 선을 분명히 해서 일을 조율해 나갈 수 있어야 한다. '상사의 말을 거절하라는 것인가?' 그렇지 않다. 자신의 강점을 상사에게 평상시 잘 노출하는 노력은 분명 필요하다. 이렇게 인식을 시켜 놓으면 상사가 엉뚱한 일을 시키는 일은 없다.

과거 필자가 회사생활을 했을 때의 일이다. 교육과 방송의 업무를 하고 있는 필자에게 일본어 번역일을 시킨 상사가 있었다. 그때는 입사한지 얼마되지 않았고 필자가 일본어를 전공했기 때문에 상사가 일본어 교재 번역일을 지시한 것이다. 그러나 그 당시 필자의 업무는 출장도 많고 이 일까지 하기엔 번아웃이 될 게 뻔했다. 책 번역일은 급한 건도 아니었다. 그래서 부장님께 이 일을 하게 될 경우 교육일에 지장을 주게 됨을 어필했다. 다행히 핵심적인 부분 몇 페이지만 번역하는 것으로 조율할 수 있었다. 지금 독자 여러분의 업무가 과부하 상태라면 효율적으로 일할 수 있는 부분은 없는지 반드시 고민해보고 상사와 대화로 업무조율을 해야 한다. 당장에는 효과가 없을 수도 있다. 그러나 이러한 노력은 그 다음에 분명 효력을 발휘하는 기초석이 될 것이다. 무조건 주는 일을 다 하는 것은 결국 그 순간은 내가 좋은 사람처럼 보일 수는 있다. 그러나 결과가 나쁠 경우 그 대가는 고스란히 자신이 받아야 되고 일 못하는 사람으로 인식될 수 있다.

둘째, 업무시간 외 개인시간을 보호해야 한다. 회사에서 수시로 업무를 해야 하는 특수한 직업이 아닌 이상 근무시간 이외에 걸려오는 모든 회사연락에 다 즉각적으로 답할 필요는 없다. 물론 업무 상황에 따라 달라질 수는 있다. 다만 모든 업무를 퇴근한 개인시간까지 영향을 주게 할 이유가 없다. 오히려 이런 태도가 부서 사람들에게 '이 사람한테는 아무 때나 업무연락을 해도 되겠군.'이란 인식을 심어준다. 귀찮고 자잘한 일까지 모두 연락이 잘 되는 사람에게 연락하게 되는 것은 당연한 것일지도 모르겠다. 좋은 의도로 했던 나의 노력이 결국 자신을 호구로 만드는 꼴이 되고 만다.

얼마 전 필자의 한 수강생이 직장에서 퇴사했다. 그 이유는 자신 업무 외에 너무 많은 일들이 한꺼번에 오다 보니 번 아웃이 왔다고 한다. 엎친데 덮친 격으로 명예퇴직을 신청해 실업급여를 받을 생각을 했는데 회사가 감사에 걸리는 바람에 그것마저도 못 받게 되었다고 하소연했다. 직장을 그만두는 이유 중 하나가 월급에 비해 과다 업무로 피로감이 누적된 경우가 많다. 삶의 질이 중요해진 요즘 같은 시기에 젊은 세대들은 자신의 라이프 스타일을 보장받을 수 있는 직장을 더 선호한다. 자신과 회사가 맞지 않을 경우 쉽게 그만두는 사례를 많이 보았다. 직장을 옮기는 문제는 심사숙고할 필요가 있다. 과연 내가 스스로 업무과다를 만든 부분은 없는지 생각해 볼 필요가 있다. 이성과의 만남도 너무 배려만 하는 희생보다는 적당히 이기적이었을 때 더 오랫동안 건강한 만남을 할 수 있다. 좀 더 자신을 돌보기를 바란다. 회사가 시키는 업무를 무조건 다 할 필요는 없다. 스트레스로 병들어 손해보는 것은 결국 나 자신이다.

마지막으로 자신감 있는 태도를 유지해야 한다. 회사는 참 많은 소문들이 무성한 곳이다. 어떤 상사가 '이랬다더라' '저랬다더라'는 등 말도 많고 탈도 많다. 이런 시시각각 들려오는 소문에 너무 몰입하지 않는 자세가 중요하다. 직장 동료와 브레이크 타임에 커피를 마시는데 어떤 상사에 대한 뒷담화를 하는 동료가 있다고 생각해 보자. 이때 신나서 같이 맞장구 쳐 주고 험담하기 보다는 "그런 일이 있었어요?" 하고 예의있게 선을 살짝 긋는 것이 좋다. 언제 가는 나에 대한 소문도 날 수밖에 없는 곳이 조직이다. 업무 외에 쓸데없는 이야기에는 관심이 없다는 이미지를 줄 필요가 있다. '이 사람은 가볍지 않구나'

라는 인식을 주게 된다. 행여 나에 대한 어떤 소문이 나더라도 '이 분 성격에 그럴 리가 없을텐데요' 라고 되려 직장 동료들이 자연스럽게 방어해 주게 된다.

또한 자신감이 있으려면 업무 전문성을 계발해 나가는 것도 중요하다. 소신있게 말하고 자신의 일을 추진하는 모습은 누가 봐도 멋지다. 그러기 위해서는 당연히 끊임없는 자기계발은 필수다. 때론 지칠 때도 있다. 이럴 땐 자신을 믿어주고 지지해 주는 사람들과 소통을 통해 극복해 나가야 한다.

절대 호구가 되지 않으려면 자신의 강점을 잘 인식해 어필하고, 업무시간 외의 시간은 본인을 위한 타임이 되도록 만들자. 그리고 끊임없는 자기계발과 좋은 사람들과의 소통을 통해 자신감 있는 태도를 유지한다면 직장생활을 더 지혜롭게 잘 할 수 있을 것이다.

📢 직장에서 호구가 되지 않는 3가지 방법

첫째, 자신의 강점과 약점을 정확히 인지해야 한다.
둘째, 업무시간 외 개인시간을 보호해야 한다.
세번째, 자신감 있는 태도를 유지해야 한다.

실패한 리더들의 공통 특성
'소통부재+책임 회피+부정적 언행'

27

'리더십(leadership)'하면 떠오르는 것은 무엇일까. 리더십은 조직의 대표나 자신의 상사가 갖추어야할 요소라고 생각하는 경향이 많다. 그러나 그렇지 않다. 짧지 않은 인생을 살아보니 가정, 직장, 취미모임 등에서도 리더십은 필요하다는 것을 깨닫게 된다. 리더십은 한 마디로 정의하면 '영향력(Influence)'이라고 말할 수 있겠다. 좋은 리더십은 사람들에게 긍정적인 영향력을 끼쳐 작게는 자신의 주변 사람들에게 크게는 조직과 사회를 발전시키는 원동력이 된다. 그러나 안타깝게도 세상엔 좋은 리더만 있는 것이 아니다. 사회에서 성공적인 리더십은 조직의 성패를 좌우하는 핵심 요소지만 실패한 리더들을 통해 더 좋은 리더십을 구축할 수 있는 지혜를 얻기도 한다. 자, 그럼 실패한 리더들의 공통적인 특성과 그 해결책에 대해 함께 생각해 보자.

며칠 전 한 지인의 연락을 받았다. 필자가 수개월간 몸 담았던 한 비영리 조직단체가 있었는데, 그곳의 리더가 바뀌었다는 내용이었다. 이 말을 전해주는 지인은 당연한 결과라는 취지로 말했다. 여러 사람들이 추천이 되어 이 비영리 단체에서 활동을 했지만 거의 90%이상이 이내 그만두는 일들이 발생했다고 한다. 이에 조직 위원회에서 긴급회의가 진행되었고, 그 결과 리더를 교체하게 되었다는 내용이었다. 그 소식을 전해들은 필자의 마음 한 켠에서는 참 안타깝다는 생각이 먼저 들었다. 필자 또한 이 리더의 태도에서 갸우뚱할만한 일들을 겪었기 때문이다. 결국 이렇게 되는구나 싶었다.

리더는 기본적으로 소통을 잘 해야 한다. 너무나 당연한 말일 수 있다. 그러나 그렇지 않은 리더들이 생각보다 많다. 자신은 잘 한다고 착각하기 때문이다. 한 여자 지인이 필자에게 고민 상담을 한 적이 있다. 자신은 다른 사람들과 잘 지내고 싶고 친근감있는 리더이고 싶은데, 동료나 후배들이 나만 쏙 빼고 어울리는 느낌이 든다고 말했다. 심지어 "선배님은 너무 어렵다"는 말도 들었다고 한다. 이 분의 말을 듣고 필자는 하고 싶은 말을 다 하기 보다는 상대방의 성향과 관심을 파악해보고 상황에 잘 대처하면 좋겠다고 제안했다. 그러나 그녀는 "네, 감사해요, 그런데 제 생각에는 저는 상대방 쪽의 문제라는 생각이 듭니다, 제가 직선적으로 말하는 경향은 있지만 다 잘 되라고 하는 말들이거든요. 저는 겉과 속이 같은 사람이라서 가식 같은 것도 못 떨어요"라고 말하는 것이 아닌가. 소통이란 것은 서로가 다름을 알게 되는 과정이라고 생각한다. 나만 옳다고 생각하는 사고방식은 소통 부재로 이어지고 조직의 분열을 초래할 수 밖에 없다. 리더는 정기적으로 직원들의 의견을 듣고 피드백을 제공해야 한다. 단순히 듣는 것을 넘어 직원들의 이야기에 귀를 기울이고 이들의 의견을 적극적으로 반영한 결정을 내렸을 때 신뢰를 회복할 수 있다.

문제가 발생했을 때 책임을 회피해서는 안 된다. 필자가 위에 말한 비영리 단체에서 잠깐 근무를 했을 때 그 당시 리더에게 결재를 맡고 활동을 진행한 프로젝트가 있었다. 활동이 진행된 결과보고서에 대해 리더에게 컨펌(confirm확인)을 받은 후 본부에 업무 보고를 했다. 그러나 본부에서 의중과 어긋났다는 피드백을 받게 되었다. 이 과정에서 리더의 질책성 전화가 왔다. 격앙된 목소리로 실수에 대한 질책을 필자에게 했다. 당황스러울 수밖에 없었다. 리더와 수시로 의논하며 심지어 함께 활동했던 프로젝트였기 때문이었다. 리더는 자신의 한 일에 대한 책임을 다른 사람에게 떠 넘겨서는 안 된다. 아마도 자신의 체면과 향후 리더평가에 안 좋은 영향을 받을 수 있을지도 모른다는 생각을 한 모양이었다. 그러나 이 리더는 다른 직원들과도 이런 문제로 인해 수시로 갈등을 겪고 있었다. 리더는 모든 일에 대해 책임을 공유해야 한다. 팀의 성공 뿐만 아니라 실패에 대해서도 책임을 져야 하는 것이다. 만약 어떤 프로젝트나 일이 실패했다면 신속하게 문제를 분석하고 개선방안을 제시함으로써 신뢰를 회복해야 한다. 리더는 실패가 발생했을 때 비난할 대상을 찾는 것이 아니라 해결책을 찾아 모색하는 기회로 삼아야 한다.

　　조직이 하나가 될 수 있게 리더언어에 주의해야 한다. 위에 언급한 리더는 어떤 문제가 발생했을 때 직원들 앞에서 눈물을 보인다거나 다른 직원에 대한 원망스러운 말을 하는 경우가 종종 있었다. 물론 모든 리더들이 다 그렇지는 않다. 이 리더의 경우는 좀 특별했던 것 같다. 비즈니스 상 업무만남에도 처음 보는 사람 앞에서 쉽게 흥분하거나 눈물을 보이는 일들이 종종 발생해 당황스럽기까지 했다. 리더가 감정을 드러내서는 안 된다는 의미는 아니다. 리더라는 자리는 모두가 지켜보고 있고 리더의 한 마디에 조직에 큰 영향을 주기 때문에 언행에 있어서 좀 더 주의를 해야 한다. 특히 동료들이나 부원들에게 부정적인 언행을 하는 것은 서로가 눈치를 보게 되고 조직의 사기를 저하시킬 수밖에 없다. 자신이 리더로서 부족하다고 생각되는 부분이 있다면 부원들이나 멘토에게 피드백과 조언을 듣는 것도 필요하다. 리더는 외로울 수밖에 없다. 끊임없이 자신을 반성하고 성장하려는 의지가 있어야 한다. 절대 변화를 거부해서는 안 된다. 또한 조직 구성원들의 도전과 실패에 대해 격려하고 자신도 함께 성장, 혁신할 수 있어야 한다.

　　실패를 원하는 리더는 없을 것이다. 그러나 실패는 성공의

어머니라고 했던가? 단순하게 비난과 자책으로 끝나는 것이 아니라 더 나은 리더십을 설계하기 위한 나침반으로 삼아야 한다. 진정으로 소통하고, 책임감을 가지며 항상 성장하려는 리더만이 조직을 성공으로 이끌 수 있게 된다. 이 글을 읽는 독자 여러분은 어떤 유형의 리더인지 생각해 보시길 바란다.

성공한 리더가 되기 위한 조건 3가지

❶ 기본적으로 소통을 잘 해야 한다.
❷ 문제가 발생했을 때 책임을 회피해서는 안 된다.
❸ 조직이 하나가 될 수 있게 리더언어에 주의해야 한다.

'도파민 폭발' 원하신다면 예쁘게 말하세요!

28

인간은 의사소통을 위해 언어를 사용하는 유일한 존재이다. 그러나 단순한 의사소통을 넘어, 우리는 언어를 통해 감정, 문화, 사고를 표현하며 다른 사람들과 유대감을 형성한다. 이 과정에서 언어가 아름답고 매력적으로 표현될 때 그 효과는 더욱 강렬해진다. 얼굴은 정말 예쁘고 멋진데 입이 거친 경우, 처음엔 외모적으로 호감을 주겠지만 시간이 지날수록 인간적인 매력도는 떨어지고 피곤해진다. 얼마전 지인의 초대로 한 인문학 과정에 참석하게 되었다. 정말 유명한 분들이 함께 하는 자리였다. 한 CEO여성분이 경영철학에 대해 강연을 진행했다. 이분의 에피소드를 들을 땐 정말 재밌었다. 외모도 동안인데다가 깔끔한 헤어스타일이 참 멋진 여성분이었다. 그런데 강의 도중 필자의 귀를 의심케할 비속어가 들리는 것이 아닌가? "여러분 저 존O 힘들었겠죠?" 연륜이 있으신 분이고 엄청난 재력가이기도했기에 이 분의 이 표현은 모든 사람들을 당황스럽게 만들었다. 그녀의 열정적인 강의가 끝나고 남은 건 비속어 '존O'가 되어버렸다.

한 연구에 따르면 아름다운 언어에 대한 우리의 반응은 뇌의 보상 시스템과 직결된다고 한다. 특히, 긍정적인 감정을 유도하는 언어는 도파민 분비를 촉진해 뇌에서 보상의 느낌을 강화하게 된다. 예쁘게 표현된 언어는 단순한 정보 전달을 넘어 사람들에게 행복감과 긍정적 경험을 제공하게 된다. 이처럼 아름다운 언어 사용은 인간심리에 깊은 영향을 미친다. 어쩌면 대통령도 부럽지 않을 정도로 많은 돈을 가진 이 여성 리더분이 말을 예쁘게 하고 발음도 정확하게 했다면 어땠을까? 리더는 회사의 가치를 반영한다. 이분과 회사 브랜드를 볼 때마다 필자는 그 비속어가 생각난다. 예쁜언어를 사용하게 되면 다양한 긍정적인 효과가 나타날 수 있다. 감정전달이 명확해진다. 아름답고 섬세한 표현은 상대방의 감정을 자극할 수 있어 깊은 이해과 공감을 이끌 수 있다. 또, 대인관계이 있어 부드러운 표현은 갈등을 줄이고 원활한 대화를 촉진하게 된다. 정말 중요한 요소가 아닐 수 없다. 말로 울고 웃는 세상이다. 대화 시 조금만 인내하고 의식하며 대화한다면 갈등을 최소화할 수 있게 된다.

여러분 주변에 말을 참 듣기좋게 하는 사람이 있는가? 리듬감있고 발음이 정확하고 적절한 언어표현은 듣는 이로 하여금 기분을 좋게 만들어 주고 기억에도 오랫동안 남는다. 언어의 아름다움은 대인관계의 형성과 발전에도 긍정적인 영향을 미친다는 연구결과들도 참 많다. 예를들어 상대방을 존중하고 배려하는 언어 사용은 관계를 강화하고 신뢰를 구축하는데 필수적이라고 할 수 있다. 얼마 전 필자는 한 지인으로부터 오랜

만에 만나자는 연락을 받았다. 필자도 자주 연락을 드리지 못해 죄송하던 참에 꼭 뵙고 싶었다. 약속을 잡은 후 당일 전날, 지인이 그날 갑자기 약속이 생겼다며 다른 날로 변경가능한지 연락이 왔다. 약간의 아쉬움과 함께 그럼 주말에 뵙자고 다시 2차 약속을 잡았다. 그 후, 약속장소에 대한 연락이 없어 겸사겸사 연락을 드렸더니 지인이 톡으로 그날 행사참석이 있다며 이미지파일을 필자에게 보냈다. 잠시 고민 후, '그날 바쁘시겠네요, 다음에 뵙는게 좋겠습니다.' 필자가 문자를 드렸더니 뒤늦게 '시간을 뺄 수 있을 것 같은데 오늘 차가 없다며 어떡하죠?'라며 문자가 왔다. 결국 필자는 '다음에 연락드리겠습니다'라고 정중히 거절했다. 자신의 시간이 소중한만큼 상대방의 시간도 무척 소중하다. 이 대화를 하면서 더 아쉬웠던 점은 약속 어김에 대한 미안하다는 표현이 전혀 없었다는 점이다. 인간관계는 참 기본적인 것만 잘해도 중간은 갈텐데 아쉽단 생각이 들었다.

언어는 단순한 의사소통의 도구에 그치지 않는다. 문화적 가치를 담고 있는 중요한 매체이기 때문이다. 아름다운 언어는 해당 문화의 특성을 반영한다. 사회적 메시지나 특정행사나 축제, 청소년이나 인터넷 SNS에서 사용하는 유행어, 예술가의 작품 등 이는 사회적 정체성(Social Identity)을 강화하는 요소로 작용한다. 따라서 예쁘고 의미있는 언어 사용은 우리 문화의 정수를 전달하고, 다음 세대에게 그 가치를 물려주는 역할을 한다. 필자가 정말 아쉽다고 생각하는 것 중에 하나가 공인이나 주요 매체에서 신조어나 지나친 유행어 비속어 사용을 부추기는 행위다. 청소년의 경우, 필터없이 그대로 수용하고 인터넷에서는 끊임없는 재생산이 이루어진다. 보호하고 정화시켜줘야할 기성세대가 더 부추기고 있는 꼴이다.

언어는 예뻐야 한다. 필자는 부부상담 관련 짤영상들을 유튜브 채널에서 볼 기회가 있었는데 심장이 두근거렸다. 인간의 존엄성은 둘째치고 막말도 이런 막말이 없다. 악마도 울고갈 판이다. 서로를 죽이는 언어를 쉴새없이 퍼붓는다. 그 옆에 아이가 듣고 있어도 아랑곳하지 않는다. 처음엔 사랑해서 좋아서 결혼했을텐데 언제부터인가 서로 원수가 되고 만다. 결국 인간관계는 언어가 절대적으로 중요하다. 언어를 잘못 사용하게 되면 우리의 영혼까지도 죽일 수 있게 된다는 사실을 잊어서는 안 된다. 아름다운 언어는 단순한 소통의 도구가 아니다. 우리의 감정, 문화, 사회적 유대감을 강화하는데 필수적인 역할을 한다. 따라서 우리는 일상에서 더욱 예쁜 언어를 사용하려는 노력을 기울여야 한다. 이는 개인의 삶뿐만 아니라 더 나아가 다양한 사회적 관계와 문화의 향상에도 기여할 수 있게 된다.

📢 '도파민 폭발' 원하신다면 예쁘게 말하세요

❶ 상대방을 존중하고 배려하는 언어 사용은 관계를 강화하고 신뢰를 구축하는데 필수적
❷ 언어는 단순한 의사소통의 도구가 아닌 문화적 가치를 담고 있는 중요한 매체
❸ 언어가 예쁘면, 개인의 삶뿐만 아니라 더 나아가 다양한 사회적 관계와 문화의 향상에도 기여

매력적인 사람은 이기적인 삶을 사는 사람이다

29

심리학자 애브러햄 매슬로우(Abraham Maslow)의 '욕구 5단계 이론(1943년 발표)에 의하면 인간은 욕구의 중요도에 따라서 생리적 욕구, 안전 욕구, 애정 욕구, 자기존중 욕구, 자아실현 욕구로 나뉜다고 했다. 가장 하위단계에서 상위단계로 갈망한다는 내용이다. 예를 들어 기본적인 욕구(생리적욕구, 안전욕구)가 충족이 되면 우리는 애정과 자기존중의 욕구인 정서적인 욕구를 갈망하게 된다. 즉, 인간관계나 어떤 집단에 소속되어 사회와 연결되길 원한다. 또한, 소속된 집단에서 인정받아 자신감과 성취감을 느끼고 싶어 끊임없이 노력하며 살게 된다. 대다수의 사람들이 이 욕구에서 아둥바둥하고 있진 않을까 싶다. 인간이란 존재는 끊임없이 무엇인가를 갈망하기에 어쩌면 현재를 만족하며 살아가는 사람들이 참 대단한 사람이 될 수도 있겠구나 싶다.

학교에서 12년동안 열심히 공부해 대학교만 가면 다 해결될 줄 알았는데 대학에 가니 취업이라는 또 다른 난관에 부딪힌다. 겨우 좋은 회사에 취업해 숨통을 돌렸더니 사회에서 실력을 인정받지 않으면 버티기가 힘들겠구나 현타가 온다. 이러한 힘겨운 삶 속에서 도대체 언제쯤 내게도 행복한 삶은 찾아오게 될까 허탈감만 생긴다. 남에게 인정받으려면 어떻게 해야 하는지 자꾸 눈치만 보게 된다. 수많은 자기계발서에서는 이타적인 삶을 미덕이라고 강조한다. 자신을 자랑하면 안 되고 뭐든지 양보배려해야 올바른 삶의 방식이고 성공적인 처세라고 강요받는다. 그렇게 끊임없이 인내하고 견디며 희생했는데 정작 자신은 번아웃이 되고 만다. 왜 우리는 착하게만 살아야 할까? 거절하고 싶으면 거절하고 내가 잘 한 것은 자랑도 하고 다른 사람들의 생각을 다 맞춰줄 필요는 없는데 말이다. 이 글을 읽고 있는 여러분에게 질문하고 싶다. 그렇게 착하게 사니까 행복한가?

나를 먼저 채워야 타인을 채울 수 있다. 비행기를 탈 때 승무원은 항상 같은 안전 수칙을 강조한다. "산소마스크가 내려오면 먼저 본인의 것을 착용한 후, 아이나 주변 사람을 도와주세요."라고. 이는 단순한 안전 규칙이 아니라 인생의 중요한 원칙을 함축하고 있다. 나 자신이 충분히 숨을 쉴 수 있어야 타인을 도울 힘도 생긴다는 의미다. 하버드 대학의 심리학자들은 '자기 돌봄(self-care)이 대인관계에 미치는 영향'에 대한 실험을 진행했다. 실험 참가자들을 두 그룹으로 나누고, 한 그룹은 일정 기간 동안 자신이 하고 싶은 활동을 우선하도록 지시했다. 반면 다른 그룹은 타인의 부탁을 우선시하고 자신의 욕구를 뒤로 미루도록 했다. 실험 결과, 자신의 필요를 우선한 그룹이 대인관계에서 더욱 긍정적이고 활기찬 태도를 보였으며, 오히려 더 많은 사람들에게 도움을 줄 수 있었다. 나를 먼저 채우자. 바쁘고 자신도 재정적으로 힘든데 친구를 위해 시간을 내고 돈을 쓰면서까지 희생하진 말자. 자신은 먹고 싶지 않은 음식을 친구를 위해 억지로 먹지 말자. 자신은 그렇게 생각하지 않는데 다수가 그렇게 생각한다고 해서 억지로 동감하진 말자. 물론 기본적인 센스를 장착하고 말이다.

착하게 살아야 한다는 부담을 내려놓자. '신데렐라 콤플렉스(Cinderella Complex)'라는 개념을 들어본 적이 있을 것이다. 이는 사회적 기대 속에서 형성된 심리적 의존성을 설명한다. 타인의 보호와 인정을 받기 위해 자신을 희생하고, 독립적인 삶을 주저하게 되는 경향을 의미한다. 이러한 사고방식이 지속되면, 사람들은 자신의 욕구를 억누르고 타인의 기대를 맞추는 데 집중하게 된다. 하지만 착하게 살려고 애쓰는 것이 반드시 좋은 결과를 가져오지는 않는다. 오히려 스스로의 감정을 소홀히 하게 되고, 결국에는 억눌린 감정이 폭발하거나 우울감을 초래할 수 있다. 작년, 한 청년이 군입대를 앞두고 면접을 준비하기 위해 아버지와 함께 필자를 찾아왔다. 청년은 상담하는 내내 약간의 미소만 띄운 채 단 한마디도 하지 않았다. 필자가 질문을 던지면 아버지가 모든 대답을 다 했다. 수업이 진행되는 동안에도 청년은 아버지가 작성해준 면접 시나리오를 가져왔다. 필자가 청년이 겪은 어떤 상황에 대한 구체적인 질문을 하면 우물쭈물 대답을 잘 못했다. 그리고 그 다음날 어김없이 아버지가 전화해 마치 아들의 경험을 자신이 겪은 것처럼 능수능란하게 답변을 했다. 이 청년은 앞으로 어떤 가치관을 가지고 자신의 삶을 살아가게 될까? 착하다는 것이 무조건 누군가에게 맞춰줘야 한다는 의미는 아니라고 생각한다. 내 삶은 누가 대신 살아주는 게 아니다. 부모도 친구도 모두 날 위해 살 수 없다. 자신의 의견을 분명히 해야 서로 어떤 생각을 가지고 있는지 알 수 있고 진정으로 소통하는 서로가 된다.

건강한 이기심이 성공을 부른다. 이기적인 선택이 때때로 더 나은 결과를 가져온다는 것은 다양한 성공 사례에서도 확인할 수 있다. 스티브 잡스, 일론 머스크 같은 인물들은 주변의 기대를 맞추기보다는 자신의 비전과 목표를 우선하며 살아왔다. 그 결과, 세계적으로 영향력 있는 혁신을 이루어낼 수 있었다. 물론 여기서 말하는 '이기적'이라는 것은 타인을 짓밟고 올라서는 비도덕적인 태도를 의미하지 않는다. 자신의 꿈과 목표를 명확히 설정하고, 이를 위해 적극적으로 행동하는 태도를 뜻한다. 지나친 타협과 희생은 오히려 우리를 좌절시키고, 결국 아무도 행복하게 만들지 못한다는 것을 알아야 한다. 누구나 누군가의 기대 속에서 살아간다. 하지만 모든 기대를 충족시키려다 보면 정작 내 삶은 허무해질 수 있다. 타인을 위해 살기 전에 먼저 나를 돌보고, 내가 행복해야 비로소 다른 사람에게도 진정한 도움을 줄 수 있다. 이제는 '이기적으로 산다'는 말을 부정적으로만 볼 것이 아니라, '나를 사랑하는 삶'이라는 의미로 재해석해야 한다. 건강한 이기심을 가질 때, 우리는 더 풍요롭고 균형 잡힌 삶을 살 수 있음을 잊지 말자.

매력적인 사람은 이기적인 삶을 사는 사람이다

❶ 나를 먼저 채워야 타인을 채울 수 있다.
❷ 착하게 살아야 한다는 부담을 내려놓자.
❸ 건강한 이기심이 성공을 부른다.

저 친구 사회생활 잘하네...
뭘 보고 판단?

30

"업무 힘든 건 참을 수 있는데 사람 힘든 건 답이 없어요."
"제가 이직을 고려하는 이유가 직장 상사 때문이에요."

지난해 9월 기상캐스터 고(故) 오요안나씨의 안타까운 죽음으로 직장내 괴롭힘 의혹이 크게 불거졌다. 단톡방에서의 고 오요안나씨를 비난하는 글들과 사망후 고 오요안나씨의 모친과 직장선배와의 음성녹취가 공개되면서 국민들의 분노가 커졌다. '사람의 탈을 쓰고 어떻게 저럴 수 있을까?' 필자 또한 언론보도를 보며 '이런 일들이 아직도 직장내에서 벌어지고 있구나' '인간은 참 잔인한 동물이구나'란 생각에 안타깝고 씁쓸했다. 이 사건을 보면서 과거 한 여자선배가 생각났다. 그녀는 옷이 명품이 아니라는 이유와 그냥 자신의 기분상태에 따라 후배들을 괴롭혔다. 한번은 필자를 회의실로 불러 "이런 종류의 옷들은 어디서 사서 입는 거냐?"며 필자의 옷을 만지작거리며 조롱하듯 말했다. 방송 촬영을 하는 날에는 "NG내면 알지? 똑바로 해!"라며 압박했다. 다행히 필자는 한 번에 촬영을 마쳤지만 선배가 계속 NG를 내자 PD가 난처해 했던 기억이 난다. 이 선배는 상사와도 의견 마찰이 많았고 평판이 안 좋아 결국 회사를 관두게 되었다. 어딜가나 못된 인간들은 늘 존재한다는 소위 '또라이 질량 보존의 법칙'은 변함이 없구나 싶다. 고 오요안나씨의 유족은 지난해 12월 직장내 괴롭힘 의혹에 연관된 당사자들을 상대로 민사소송을 제기했다.

하루의 대부분의 시간을 직장에서 보내는 만큼 직장내 인간관계는 정말 중요하다. 아무리 능력이 뛰어나더라도 인간관계에 문제가 생기게 되면 업무의 효율성은 떨어지고 스트레스는 가중될 수밖에 없다. 그렇다면 사회생활을 잘 하는 사람들이 반드시 지키는 인간관계 스킬은 무엇이 있을까? 어쩔 수 없이 심각한 상황들이 있을 수는 있다. 그러나 우리가 상식적인 선에서 건강한 사회생활을 하는 방법은 내 삶의 질에 보탬이 된다. 자, 그럼, 나에게 도움되는 몇 가지 방법에 대해 알아보자.

먼저 적당한 거리를 유지하는 것이다. 인간관계에 어려움을 토로하는 사람들의 특징 중 하나는 모든 이에게 좋은 평가를 받아야 한다는 강박에 시달린다는 점이다. 그러나 우리는 모든 사람들에게 다 잘 보일 필요가 없다. 결국 스트레스가 가중되어 번아웃이 오는 케이스를 필자는 많이 봤다. 건강한 인간관계를 위해서는 더하기가 아니라 **빼기**를 잘 해야 한다. 인생에 많은 친구들이 필요한가? 경험상 그렇지 않다는 것을 여러분도 잘 알고 있다. 나에게 힘을 주는 말이 아닌 힘 **빠지는** 말을 하는 사람들이 있는가? 상처를 주고 부정적인 말을 많이 하는 사람들을 그저 오랜 세월 알고 지냈다는 이유로 계속 만나고 있는가? 이런 사람들과의 인간관계는 피곤하기만 하다. 늘 봐야 하는 상사나 동료라면 적당한 거리를 유지하는 것이 필요하다. 필자 또한 아무리 친한 사이라 해도 말을 함부로 하는 사람과는 거리를 두는 편이다. 이렇게 했더니 상대방도 좀 더 필자를 의식하고 조심하는 태도를 보여주었다. 숲 속의 나무들은 약속이라도 한 듯 모두 적당한 거리를 유지한다. 땅 속 뿌리들이 서로 엉키지 않아야 튼튼하게 오래 살 수 있기 때문이다. 바로 이것이 자연의 질서다.

갈등을 현명하게 해결하는 능력이다. 사람의 수가 많을수록 갈등이 일어날 확률은 그만큼 늘어난다. 어쩌면 갈등은 인간관계에서 반드시 있을 수밖에 없는 자연스러움이다. 최근 한 부부 커플의 스피치 수업 중 "갈등이 생기면 어떻게 해결하는가?"란 필자의 질문에 남편분이 "제가 성격이 강한 편인데 아내가 다 참아주고, 고생이 많아요"라며 아내 눈을 보며 말했다. 그 때 아내분은 단 한 번도 남편의 눈을 쳐다보지 않았고 무표정을 짓거나 필자를 쳐다보았다. 갈등이 없다는 것은 어쩌면 한 쪽의 희생이 클 수도 있겠구나 싶다. 문제가 생겼을 때 완벽히 해결해야 한다는 생각보다 갈등을 최소화하려는 노력이 더 중요하다. 대부분의 사람들은 감정적으로 대응하는 경우가 많다. 그러나 객관적인 태도로 문제를 해결하려는 자세가 필요하다. 언어 사용에 있어서도 감정적인 표현을 최소화해야 한다. 이를테면 "왜 이렇게 늦게 와? 너무 화가 나, 내가 얼마나 참았는지 알아?" 보다는 "늦을 때는 전화를 줬으면 좋겠어, 내가 걱정하지 않게.", 혹은 "김 과장, 회사가 우스워? 아님 내가 만만해? 항상 지각이야." 보다는 "김 과장, 혹시 무슨 일 있나? 근태 관리에 좀 더 신경을 썼으면 하네."로 말하는 것이다. 상대방의 입장을 먼저 헤아리는 대화는 합리적인 해결책도 찾을 수 있고 사회생활을 윤택하게 만든다.

긍정적인 태도와 언어를 사용하는 것이다. 여러분은 어떤 사람과 가까이하고 싶은가? 힘든 일 있을 때 가장 먼저 떠오르는 사람은 누구인가? 항상 밝고 긍정적인 태도를 유지하는 사람은 모든 사람들에게 환영받는다. 그렇다고 무조건 칭찬하고 좋은 말만 해야 한다는 의미는 아니다. 때로는 상대방을 위해 쓴 소리를 해야 할 때도 있지 않던가? 긍정적인 태도를 가진 사람들은 생각 자체가 건강하다. 그들은 단호한 말을 할 때도 상대방을 배려하는 말투를 사용한다. 상대방이 말 실수를 할 때 모르는 척 넘길 줄도 알며 선 넘은 말을 할 때는 분위기를 헤치지 않는 선에서 매너있게 대처한다. 많은 사람들 앞에서 상대방이 무례한 말을 할 때 확 받아치고 싶을 때도 있을 것이다. 그럼 그 다음은 어떻게 될까? 분위기는 썰렁해지고 되려 억울해 감정적 반응을 보인 쪽에 불편한 시선들이 집중되고 만다. 당황해 자신도 모르게 밑천을 드러내 후회하는 것보다 이럴 경우 차라리 침묵하며 미소 띄우는 것도 지혜의 한 수다. 상대방 페이스에 말리지 않는 태도가 더 단단한 느낌을 준다. '이 사람은 함부로 대하면 안 되겠군' 상대방도 의식하고 조심하게 된다.

솔직히 사회생활은 필자도 어렵게 느껴질 때가 있다. 직장을 전쟁터에 비유하는 것도 과언은 아니다. 다만 나 자신을 위한 건강한 인간관계를 위해 우리가 조금 더 노력하고 실천할 때 자신도 뿌듯하고 가치 있는 삶이 될 거라 생각한다. 상대방보다 더 중요한 존재는 바로 나 자신이다.

저 친구 사회생활 잘하네…뭘 보고 판단?

❶ 적당한 거리 유지 – 모든 사람들에게 다 잘 보일 필요가 없다.
❷ 갈등을 현명하게 해결하는 능력이 중요 – 언어 사용에 있어서도 감정적인 표현을 최소화해야 한다.
❸ 긍정적인 태도와 언어 사용 – 긍정적인 태도를 가진 사람들은 생각 자체가 건강하다.

나는 존중받는 사람인가?
만만한 사람인가?

31

"새로 들어간 직장생활은 어떠세요?" 오랜만에 만난 지인에게 물었다. "다 좋은데 사람때문에 힘들어요, 다들 어찌나 기도 세고 내 뒷담화를 많이 하는지 너무 힘들어요."라며 쓴웃음을 지었다. 사회생활에서 가장 힘든 부분은 단연코 인간관계다. 필자도 과거 다니던 회사생활을 생각해보면 참 말도 많고 탈도 많았단 생각이 든다. 그런데 재미있는 사실은 누군가는 사회생활이 너무도 힘든데 어떤 사람은 지혜롭게 잘 헤쳐 나가고 심지어 존중까지 받는다는 사실이다. 여러분은 한 번쯤 '난 루저가 아닌가?'하는 불안함을 가져본 경험이 있는가? 왠지 나만 소외된 느낌도 들고 꾸역꾸역 모임에 참석하지만 공허함이 들 때도 있다. '난 지금 잘 하고 있는 것일까', '이대로 모든 게 괜찮은 것일까', '일 년을 더 버텨야 하나'하는 생각을 하고 있는가? 사람들 사이에서 존중 받는다는 것은 단순한 권위나 지위에 있지 않다. 진정으로 존중 받는 사람들은 특정한 태도와 행동으로 신뢰와 호감을 얻는다. 그렇다면 어떤 특징이 있는지 알아보자.

존중 받는 사람들은 작은 약속일지라도 반드시 지킨다. 얼마 전 지역 독서 모임에 필자가 1년 정도 참여한 적이 있다. 그런데 모임을 이끄는 리더의 건강과 스케줄에 따라 일정이 바뀌는 경우가 발생했다. 처음엔 그러려니 했는데 빈도수가 많아지다 보니 필자도 스케줄을 계속 옮겨야 하는 상황들이 점점 늘어났다. 심지어 바뀐 스케줄을 또 바꾸는 경우도 생겨 당황스러울 수밖에 없었다. 당일 취소가 되어 공지가 제대로 되지 않는 바람에 바뀐 지도 모르고 오는 멤버도 생기면서 점점 마음이 힘들어졌다. 도저히 안되겠다 싶어 약속이 자주 바뀌지 않게 부탁 드린다고 요청했으나 그 다음에도 약속은 잘 지켜지지 않았다. 이런 일이 잦아지면서 리더에 대한 신뢰도는 떨어질 수밖에 없었다. 아무리 능력이 훌륭해도 약속한 시간과 말을 지키지 않는 태도는 주변 사람들에게 이기적으로 비춰지고 신뢰감을 주기 어렵다. 작은 약속일지라도 반드시 지키려는 모습을 보였을 때 믿을 수 있는 사람이 된다.

두 번째로 타인을 진심으로 존중한다. 때론 나보다 못한 사람들을 대해야 할 때가 있다. 대화 수준이 맞지 않아서, 자신보다 직위가 낮아서, 이 사람에게서 얻을 이익이 없다고 생각돼서 등 여러가지 이유로 우리는 사람들을 판단하고 무시할 때가 있다. 자신은 아니라고 생각하는가? 우리는 갑질을 혐오한다고 말하지만 아이러니하게도 그 누군가를 갑질해 왔다. 진심으로 상대방을 존중하는 사람들은 타인의 말에 귀 기울이고 쉽게 판단하지 않는다. 남들이 하는 말에 같이 동조하기보다는 직접 경험해 보지 않은 일들에 대해서는 결코 함부로 말하지 않는다. 가만히 듣거나 화제를 자연스럽게 돌려 건강한 대화를 이끄는 센스도 있다. 좋은 의도의 뒷담화는 필요하다. 그러나 남을 은근히 깎아내리는 뒷담화는 순간의 즐거움을 줄 수는 있으나 결국 자신의 얼굴에 침 뱉는 격이 된다. 남 얘기 잘 하는 사람들은 그 자체가 습관이다. 한없이 가벼운 사람, 만만한 사람이 될 수밖에 없다. 상대방과 자신과의 차이를 인정하고 예쁜 언어를 사용하자. 이런 태도가 모든 사람들에게 함부로 할 수 없는 아우라를 느끼게 하고 더 나아가 존경의 대상이 된다.

마지막으로 문제에 직면했을 때 회피가 아닌 문제해결에 초점을 둔다. 자신의 행동에 책임을 지려는 태도는 참 멋있고 내공이 느껴진다. 어떤 작은 실수가 생기면 그걸 아닌 척 넘기거나 마치 상대방이 잘못한 것처럼 말하는 사람들도 있다. "네가 이렇게 말해줬더라면 그런 일이 발생하지 않았겠지." 자신의 실수를 상대방 탓으로 넘기기도 한다. 그러나 존중받는 사람들은 아무리 상대방의 실수가 있더라도 "아~ 저도 더 신경쓰지 못한 부분이 있었네요. 그럼 이 부분은 이렇게 하면 어떨까요?"라고 함께 문제를 해결해 나간다. 이런 대화는 상대방도 앞으로 더 주의하게 되고 함께 시너지를 낼 수 있는 관계로 성장할 수 있다. 이 문제를 자존심의 문제로 결부시키고 끝까지 이겨야 직성이 풀리는 사람들이 있다. 아무리 자신이 옳아도 상대방에게 마음의 상처를 줘서 좋을 게 무엇이 있을까? 어떤 문제가 발생했을 때는 그 사람이 아닌 그 문제에 집중해 원인을 분석하고 빠르게 대안을 찾고 제시하는 태도가 더 중요하다.

존중받는 사람들은 그냥 타고난 게 아니다. 이들 또한 많은 시행착오를 겪었기에 이런 지혜가 생긴 것이다. 지금 내 자신이 한없이 초라하고, 다른 사람들의 눈치가 자꾸 보이고, 누군가 내 얘기를 하는 것 같고, 소속감에 회의가 든다면 한 번쯤 자신이 사람들을 대하는 방식은 어떤 지 생각해 봤으면 한다. 또한 남들은 남들일 뿐이다. 누가 뭐라해도 나 자신을 먼저 더 아끼고 사랑하는 마음을 잃지 말자.

나는 존중받는 사람인가? 만만한 사람인가?

❶ 존중 받는 사람들은 작은 약속일지라도 반드시 지킨다.
❷ 타인을 진심으로 존중한다.
❸ 문제에 직면했을 때 회피가 아닌 문제해결에 초점을 둔다.

내 감정을 내가 주도해야
세상이 달라진다

32

여러분은 아침에 알람이 울리면 껐다가를 반복하다 '아, 늦었어 늦었어' 피곤한 몸을 이끌고 부랴부랴 출근하기 바쁜가, 아니면 '오늘 하루도 기분 좋은데, 좋은 일이 있을 것 같은데.' 하며 자신의 감정을 먼저 들여다본 후 여유있게 하루를 시작하는가? 뭐 상관은 없다. 둘 다 뭐가 옳고 그르다를 말하는 것은 아니다. 필자의 경우, 알람이 울리면 누운채로 가볍게 스트레칭을 한 후 바로 앉아 명상 또는 기도를 한다. 이렇게 오늘 나의 감정상태를 짧게라도 먼저 체크한 후 하루의 일과를 시작한다. 단 한 번도 이 패턴을 어겨본 적이 없다. 이렇게 했을 때 그 날 하루가 좀 더 효율적이고 안정적으로 흘러가기 때문이다. 우리는 살면서 수많은 감정을 경험하게 된다. 기쁨, 슬픔, 분노, 두려움, 설렘 등 다양한 감정이 우리의 일상을 채운다. 어떤 감정이 나를 지배하느냐에 따라 그날 하루 더 나아가 내 인생이 달라지게 된다. 필자는 사람을 만나는 직업이라 다양한 부류의 사람들을 접하게 된다. 그런데 유독 관심이 가는 사람들이 있다. 외모나 직업이 멋지지 않고 평범함에도 가치가 느껴지는 사람들, 바로 자신의 감정을 잘 다스리는 성숙한 사람들을 대할 때다. 이런 사람들은 매력적일 수밖에 없다. 세상에 드물기 때문이다. 자 그럼, 이들은 어떠한 특징이 있는지 알아보자.

첫째, 자신의 감정을 인정하고 수용한다. 감정을 잘 다스리는 사람은 자신의 감정을 외면하고 억누르는 것이 아니다. 오히려 자신의 감정상태를 받아들이고 수용하는 태도를 가진다. 감정을 수용한다는 것은 더 이상 감정의 노예가 되는 것이 아닌, 감정의 주도권을 가지게 된다. 대부분의 사람들은 우울하거나 두려운 마음이 생기면 사람들과 만남을 통해 애써 지우려 한다. 그러나 누군가를 만난다고 해서 이 문제가 해결되는 것은 아니다. 이러한 감정이 왜 드는지 자신과 마주할 수 있는 용기가 필요하다. 때로는 아직 닥치지도 않은 어떤 상황에 불안을 느끼거나 꼭 그렇지 않음에도 확대 해석해 더 크게 인식하게 되는 경우도 있다.

필자의 경우, 어떤 안 좋은 감정이 생길 때 이 문제에 대해 천천히 생각해 보려고 노력한다. '왜 이런 감정이 들었을까?', '어떻게 하면 이 문제를 해결할 수 있을까?', '잘못되었을 때 어떤 결과를 초래할까'등 쪼개서 생각을 하다 보면 자연스럽게 내가 컨트롤할 수 있는 부분이 생긴다. 이 부분을 정리함으로써 자신감과 안정감이 생기게 된다. 물론 심각할 경우, 혼자 해결하지 말고 전문가와의 상담이나 처방이 필요하다. 애써 '난 괜찮아'라고 말하기 보다 먼저 이 부분을 인정하고 어떻게 해결할 것인가 자신을 들여다 보면 불필요하게 확대된 감정이 서서히 줄어들게 된다.

둘째, 충동적인 반응을 자제한다. 감정에 휩쓸려 즉각적인 반응을 하는 것은 후회로 이어질 수 있다. 아마 독자 여러분도 이런 경험을 해 봤을 것이다. '그때 참을 걸, 내가 왜 그랬지?' 자신이 분노를 표출했을 때 어떠한 결과가 나타날 것인지 한 번 더 생각해 보는 것은 성숙된 태도다. 우리는 자신이 어떤 포인트에 화가 나거나 슬프고 속상한지 알고 있다. 즉 자신의 감정 패턴을 이해하고 인식하는 것이 중요하다.

필자의 경우, 상대방이 무례한 말을 하거나 무시 받았다는 생각이 들 때 부정적인 감정이 올라온다. 과거, 필자가 뒤늦게 신앙을 가지게 되었다는 말에 직장선배가 '살만큼 살다가 교회에 다녀서 억울하진 않겠네'라고 얘기해 당황스러웠던 적이 있다. 이 분은 모태 신앙인이었다. '도대체 몇 살까지 살아야 살만큼 산 것일까' 이 선배에게 질문하고 싶었다. 다른 사람들도 있는 자리라서 그냥 넘겼던 경험이 있다. 만약 이때 정색을 하며 '그게 무슨 말씀이세요, 선배? 기분이 좀 나쁘네요.'라고 말을 했다면 어땠을까? 아마 분위기는 썰렁해질 것이고 다른 사람들에게까지 좋지 않은 인상을 주었을 게 분명하다. 그 다음 모임 때 어색해질 게 뻔했다. 그러나 이 선배가 순수한 의도로 말했음을 필자는 알기에 잘 넘길수 있었다.

부정적 감정을 표출했을 때 어떤 일이 벌어질지 스스로 책임을 져야 한다. 더 이상 안 볼 사이라면 상관없다. 그러나 인간관계는 그렇게 쉽게 끝나지 않는다. 자신은 어떤 상황에 부정적인 감정이 올라오는지 잘 분석해야 한다. 그런 상황이 왔을 때 어떻게 대처할 것인지를 생각해봐야 한다. 차분하고 신중한 태도는 상대에게 신뢰를 주며, 성숙한 인상을 주어 더욱 매력적으로 보인다.

셋째. 긍정적인 사고를 습관화해야 한다. 우리는 긍정적인 생각보다 부정적인 생각이 더 쉽다는 것을 잘 알고 있다. 상대방을 볼 때 장점보다는 단점이 더 잘 보이고 나보다 잘난 사람을 보면 시기 질투가 생길 때도 있다. 감정을 잘 다스리는 사람들은 자신을 부정적인 감정상태에 내버려 두지 않는다. 긍정적인 사고를 습관화함으로써 감정의 밸런스를 유지한다. 낙관적인 태도를 가진 사람들이 그렇지 않는 사람들보다 신체적으로 건강하고 더 긴 수명을 가진다는 연구결과도 있다.

긍정적인 사람들은 주위에 좋은 에너지를 전파하기에 늘 함께 있고 싶고 상대방에게 호감을 주게 된다. 얼마전 필자 학원 수강생이 아침에 눈을 뜨면 '좋은 일이 있을거야, 오늘 없다면 내일 있겠지 뭐.' 하루를 이렇게 출발한다고 말했다. 이 말이 참 인상적이었다. 코로나로 사업에 실패한 후 열심히 돈을 벌어 20억 넘는 빚도 다 갚고 이제 다시 새롭게 출발하고있는 시점이라고 했다. 술도 많이 먹고 안 좋은 생각을 한 적도 있었지만 열심히 건강관리도 신경쓰며 이제는 인생을 더 열심히 살아가고 있다고 말했다.

오늘 하루를 어떻게 살아갈 것인가를 결정하는 것은 자기 자신이다. 우리의 삶은 무의식이 대부분을 지배한다고 한다. 그래서 나에게 어떤 말을 해 주느냐가 매우 중요하다. 아무리 힘들고 화가 나도 '졸라', '개' 이런 표현을 말 앞에 쓰기 보다는 '조금 힘드네, 괜찮아, 난 잘할 수 있어.', '이제 좋은 일이 있으려나.' 등 언어를 바꾸는 연습을 하자. 즉, 우리 뇌를 속이는 것이다. 진짜 이렇게 한다고 기분이 달라질까? 일단 해보고 판단해도 늦지 않다.

감정을 잘 다스리는 사람은 타고난 것이 아니다. 꾸준한 훈련을 통한 결과다. 뭐든지 성장발전하기 위해서는 애씀의 에너지가 필요하다. 스위스 심리학자 칼융은 '자기 자신의 감정을 인정하는 것이야말로 진정한 용기다.'라고 말했다. 자신의 감정을 잘 이해하고 감정의 패턴을 인식하고 대처하는 자세, 좀 더 긍정적인 사고유지 습관, 그 밖에 명상이나 호흡 등을 통해 누구에게나 매력적인 여러분이 되시길 바란다.

내 감정을 내가 주도해야 세상이 달라진다

❶ 자신의 감정을 인정하고 수용 – 감정을 잘 다스리는 사람은 자신의 감정을 외면하고 억누르는 것이 아니라 자신의 감정상태를 받아들이고 수용하는 태도를 가진다.
❷ 충동적인 반응 자제 – 자신의 감정 패턴을 이해하고 인식하는 것이 중요하다.
❸ 긍정적인 사고 습관화 – 긍정적인 사람들은 주위에 좋은 에너지를 전파하기에 늘 함께 있고 싶고 상대방에게 호감을 주게 된다.

그 사람이 다시 보이는 이유,
지적인 말의 힘

33

말의 힘은 정말 대단하다. 상대방이 그냥 한 말인데 큰 위로가 되기도 하고, 반대로 고통이 되기도 한다. 또 인생의 답을 찾지 못해 헤매던 사람에게 나침반이 되기도 한다. 참 신기한 일이다. 곰곰히 생각해보면 우리는 사람이기 때문에 서로 함께 살 수 밖에 없고 서로 영향을 주는 존재일 수 밖에 없다. 말은 단순한 의사소통의 도구가 아님을 우리는 잘 알고 있다. 자신을 표현하고 보호하고 성장할 수 있는 가장 강력한 수단이 되기 때문이다. 말의 힘을 잘 알고 활용할 수 있다면 이보다 지혜로운 사람이 또 있을까 하는 생각도 든다. 많은 사람들은 매력적인 사람, 인기있는 '인싸(insider)'가 되고 싶어한다. 사람들의 말하는 모습을 지켜보면, 각자의 개성이 묻어나는 말투를 가지고 있다는 것을 알게 된다. 특히 지적인 말투는 상대방의 관심을 사로잡는 깊은 인상을 주는 특별한 힘을 가지고 있다. 이 매력은 어디에서 비롯되며, 어떻게 하면 우리의 일상에 녹여낼 수 있을까.

지적인 말투는 단순히 어려운 단어나 말할 때 유창한 영어를 섞어 말한다는 것을 의미하지 않는다. 과거 한 방송인이 어려운 한자성어를 쓰며 인터뷰하는 모습을 TV에서 본 적이 있다. 순간 '무슨 뜻이지?' 인터넷을 검색해 봤다. '굳이 어렵게 말할 필요가 있나?' 시청자들도 필자와 같은 생각을 하지 않았을까 생각했다. '지적이다'라는 느낌을 주는 말투는 명확하고 논리적인 표현, 적재적소에 맞는 어휘 선택, 깊은 통찰력, 정중한 태도로 경청하는 자세에게 나온다. 이 모든 것들이 어우러져 신뢰와 호감을 느끼게 해준다.

지적인 말투는 상대방에게 자신의 전문성과 성숙함을 전달하고, 논리적이고 일관성 있는 표현은 대화의 신뢰도를 높이고 말하는 이에 대한 존중과 관심을 이끌어 낸다. 또한 지적인 말투를 사용하는 사람은 깊이 있는 질문을 던지고 다양한 관점을 제시함으로써 대화를 풍성하게 만든다.

이런 언어를 쓰는 사람은 고급스러운 이미지를 주게 된다. 상대방은 자연스럽게 이 사람을 세련되고 지적인 사람으로 인식하게 되는 것이다. 이런 말투는 흔치 않기 때문에 깊은 인상을 주게 되고 특별한 사람이라고 생각하게 된다. 이렇게 상대방이 가까이하고 싶은 사람이 될 수 있는 지적인 말투는 어떻게 기를 수 있는 것일까?

첫째, 당연한 말이겠지만 독서로 내공을 쌓아야 한다. 너무 뻔한 말이지만 사람들은 생각보다 독서에 관심이 없다. 빠르고 쉽게 살고 싶은 욕망이 더 크기 때문에 인내를 요하는 독서는 정말 쉽지 않다. 그러나 독서를 하게 되면 폭넓은 지식은 물론 어휘력과 논리적으로 사고하고 표현력도 풍성해진다. 어렵고

두꺼운 책 시도하다 질리지 말고 자신이 관심있는 분야의 책으로 시작하는 것이 좋다. 책을 읽어주는 유튜브 채널도 있고 짧은 칼럼과 뉴스도 도움이 된다.

둘째, 논리적으로 사고 해야 한다. 필자한테 수업받는 한 청년이 "머릿속에 생각 정리도 어려운데 논리적으로 말하는 것은 정말 너무 어려운 영역이에요."라고 말했다. 이 청년에게 필자가 질문을 하면 한참을 침묵한 후 대답하길래 늦게 답하는 것이 습관인 줄 알았는데 그게 아니었다. 자신의 의견을 체계적으로 정리하고 왜 그렇게 생각하는지 근거를 명확히 하는 훈련이 필요하다. 말을 잘 하는 사람과 대화를 하는 것도 논리적으로 말하는데 도움이 된다. 소위 '말빨'되는 사람과 직접 소통하면서 더 실질적인 답도 찾고 적용을 빠르게 할 수 있기 때문이다. 자신의 의견과 그에 따른 근거를 함께 묶어 말 연습을 하면 논리적인 대화 방식이 된다.

마지막으로 간결하고 명확하게 말해야 한다. 어떤 사람과 대화하다 보면 '도대체 요점이 뭐지?' 한참을 듣고 "그래서 어떻게 하시겠다는 걸까요?"라고 되묻게 되는 경우가 있다. 또, 이 분의 말이 '언제 끝나나'하며 지칠 때도 있다. 작년, 필자가 치과에서 상담을 받을 때였다. 의사는 친절했고, 아이컨택도 좋았고, 목소리도 안정감이 있었다. 그런데 정작 중요한 것이 빠져 있었다. 결국 이렇게 물었다. "선생님, 그러면 이 병원에서 진료가 가능하다는 건가요? 아닌가요?" 장황한 설명은 집중력을 떨어뜨리고, 핵심을 다시 묻게 만든다. 말이 길어지면 본인도 무슨 말을 하는지도 모르고 끝맺음에 헤매는 경우가 있다. 말하는 자신을 위해서라도 간결하게 말하면 명확한 언어 전달이 된다.

지적인 말투는 내면의 깊이와 사고력을 반영한다. 그렇기에 대화에서 신뢰와 존중을 느끼게 해 준다. 무엇보다도 말에는 진정성이 있어야 한다. 자신의 말에 책임을 다하고, 상대방을 존중하는 태도가 뒷받침되었을 때 그 말투는 단순한 언어가 아닌 상대방에게 감동을 전해줄 수 있다.

그 사람이 다시 보이는 이유, 지적인 말의 힘

❶ 독서로 내공을 쌓아야 한다. – 폭넓은 지식은 물론 어휘력과 논리적으로 사고하고 표현력도 풍성해진다.
❷ 논리적으로 사고 해야 한다. – 자신의 의견과 그에 따른 근거를 함께 묶어 말 연습을 하면 논리적인 대화 방식이 된다.
❸ 간결하고 명확하게 말해야 한다. – 말하는 자신을 위해서라도 간결하게 말하면 명확한 언어 전달이 된다.

내 자존감 높이려면
상대 자존감을 배려하라

수년 전 필자가 영어 공부를 위해 한 외국인 선생님께 수업을 받은 적이 있었다. 대화 도중 "웃는 미소가 너무 예쁘시다"고 필자가 말했더니 "고마워요, 저는 미소 짓는 게 너무 자연스럽고 예쁘단 말을 많이 듣곤 해요."라고 말하셨다. 사실 선생님의 반응이 필자에겐 매우 인상적이었다. 왜냐하면 이렇게 칭찬을 했을 때 "아니에요, 그렇지 않아요."라며 쑥스러워 할 줄 알았기 때문이다. 우리는 학교나 부모님께 자신을 무조건 낮추는 것이 겸손함이라고 배워왔다. 자신이 어떤 일을 성취했을 때도 이걸 말하는 것이 잘난 척이라고 생각했고, 좋은 일이 있어도 사람들 눈치를 봐야 했다. 그러다 보니 자신이 잘 하고 있고, 누구보다도 뛰어났음에도 불구하고 제대로 말하지 못하거나 겸손이란 이유로 부정하며 자신을 낮췄다.

우리 주변에 자존감이 높은 사람들이 있는가? 자존감이 높은 사람들은 자신감있고 긍정적인 태도를 유지한다. 이들의 언어 또한 다른 사람들에게 긍정적인 영향을 미치며, 건강한 인간관계를 구축하는데 중요한 역할을 한다. 그렇다면, 자존감이 높은 사람들의 말투의 특징과 이를 실생활에 바로 적용할 수 있는 방법에는 무엇이 있는지 알아보자.

첫째, 자신감 있는 표현이다. 자존감이 높은 사람들은 자신의 의견과 감정을 솔직하고 당당하게 표현한다. "제가 생각하기에는", "저는 이렇게 느껴요"와 같이 자신의 입장을 명확하게 전달한다. 자신의 생각이 존중받을 가치가 있다고 생각하기 때문이다. 생각보다 많은 사람들은 타인의 의견을 그대로 수용하거나 자신의 생각을 말하는 것에 망설인다. 비판 받을까 봐, 민폐가 될까 봐, 자신이 없어서 등의 이유에서 말이다. 이런 태도가 습관이 되어버리면 자신의 삶을 타인의 기준에 의해 살아가거나 수동적인 삶을 살게 된다. 자신이 원하는 것을 상대방의 시선을 보며 당당하게 말하는 연습을 하자. 오히려 이런 모습에서 함께 일하고 싶은 사람이자 매력적인 사람이라고 생각하게 될 것이다.

둘째, 긍정적인 언어를 사용하는 것이다. 자존감이 높은 사람들은 긍정적인 단어를 자주 사용하는 것이 특징이다. "~하니 희망적인데요?", "잘 될 일만 남았네요", "~라 오히려 좋은데요?" 등 상대방을 격려하고 응원하는 말투를 사용한다. 이러한 언어 사용은 자신 뿐만 아니라 주변 사람들에게도 긍정적인 영향을 미칠 수 밖에 없다. 말을 전달하는 에너지도 밝기 때문에 많은 사람들이 좋아하고 함께하고 싶은 사람이 된다. 모임이나 직장생활을 하다보면, 부정적인 언어를 쓰는 사람들을 보게 된다. 이런 사람들과 대화하다 보면 시간 낭비했다는 생각만 들고 그날 하루가 찝찝해진다. 상사나 동료에 대한 뒷담화에 열을 올리며 얘기하는 사람들과의 대화는 불편한 감정을 느끼게 한다. 결국 이 사람은 여기저기 내 얘기도 옮기고 다닐 사람이라는 것을 알기 때문이다. 그리고 지나치게 자신을 평가절하해서 칭찬하는 상대방을 무안하게 만드는 사람들도 있다. "우와, 진짜 날씬하세요" "네? 그럴리가요? 제 뱃살을 못 보셔서 그래요, 완전 육겹살에요" 이런 반응은 자연스런 대화의 흐름을 방해한다. "정말요? 감사해요, 제가 다이어트 중이었는데 기분 좋네요"라는 반응을 보이면 칭찬한 상대방도 기분 좋고 다이어트에 대한 화제로 자연스럽게 대화 거리가 더 풍성해질 수 있게 된다.

셋째, 자기 존중을 담은 말투이다. 이들은 자신을 지나치게 낮추거나 과도하게 비판하지 않는다. "제가 부족해서", "제 탓이에요"와 같은 표현 대신 "제가 좀 더 노력해보겠습니다."처럼 자신의 가치를 존중하는 말을 사용한다. 과거 한 유튜버가 말하는걸 듣다가 한참을 웃은 적이 있다. 한 여자가 자신의 인스타그램에 페티큐어를 한 발을 업로드하면서 '내 족발 호강하는 날'이라고 썼다는 내용이었다. 페티큐어를 했으면 예쁜 발일텐데 굳이 족발이라고 왜 썼을까? 필자도 이 이야기를 듣다가 족발이 먼저 생각이 났다. 상대방의 언어를 듣다 보면 그 사람의 정신 상태까지 알 수 있을 때가 있다. 자신을 비하하는 발언은 겸손이 아니다. 내가 어떤 언어를 쓰느냐에 따라 상대방이 나를 대하는 태도가 달라질 수 있음을 명심하자.

누구나 자존감이 높은 사람이 되고 싶어한다. 그러나 이 부분은 타고나는 것이라 생각하고 '난 원래 이런 사람이야'라고 합리화하며 개선하지 않으려 한다. 타인을 존중하는 마음으로 경청하고 부드럽게 말하며 부정적인 말투보다 긍정적인 언어 사용을 의식적으로 실천해 보자. 자존감이 높은 사람들의 말투는 자신감, 존중, 공감을 바탕으로 하기 때문이다. 머리로는 알겠지만 실천하는 사람은 드물다. 블루오션은 실천하는 사람에게 있다.

내 자존감 높이려면 상대 자존감을 배려하라

첫째, 자신감 있는 표현이다. - 자존감이 높은 사람들은 자신의 의견과 감정을 솔직하고 당당하게 표현한다.

둘째, 긍정적인 언어를 사용하는 것이다. - 자존감이 높은 사람들은 긍정적인 단어를 자주 사용하는 것이 특징이다.

셋째, 자기 존중을 담은 말투이다. - 이들은 자신을 지나치게 낮추거나 과도하게 비판하지 않는다.

스스로 잘 살고 있다고
답하려면

35

그럭저럭 바쁘게 잘 살아왔다고 생각했는데 문득 '내가 정말 잘 살아온 것이 맞을까?'하는 생각을 해 본 적이 있을 것이다. 필자는 혼자 까페에 앉아 이런 저런 생각을 할 때가 참 많다. 지나가는 사람들의 표정, 누군가와 즐겁게, 때로는 심각하게 대화를 나누는 사람들의 모습을 보면서 '저들은 무슨 생각을 할까?' '어떠한 고민을 가지고 있을까?' 궁금해진다. 어떤 사람은 그저 아무 생각없이 주어진 삶을 살아가는 사람이 있다. 또 어떤 이는 삶의 목표를 가지고 열심히 나아가는 사람도 있다.

어느 쪽이 더 잘 사는 것일까? 사람들의 가치관의 다양성을 인정한다하더라도 목표를 향해 달려가는 사람들의 삶은 참 의미있고 멋지다. 어쨌든 힘들게 공부해서 좋은 대학을 나오고, 괜찮은 회사에 들어가면 나머지는 어렵지 않을 줄 알았다. 그러나 인생은 만만하지 않았다. 모두가 즐겁게 쉽게 살 줄 알았던 인생이 그렇지 않다는 것을 느껴버렸다.

'나는 왜 태어나서 이 고생을 하는 것일까?' 이 철학적인 질문의 답은 무엇인가? 그저 태어났기에 우리는 주어진 나의 몫의 삶을 꾸역꾸역 살아내고 있는 것일지도 모르겠다. 어떻게 살아야 잘 사는 것일까?

얼마 전, 미국에 사는 전 회사 선배가 한국에 잠깐 들어와 만남을 하게 됐다. 무척 오랜만의 만남이었다. 그 기쁨도 잠시, 그의 얼굴은 심각했다. 미국에서 좋은 통신회사에 근무하고 토끼 같은 자녀들이 있고 똑똑한 엘리트 아내가 있음에도 그의 얼굴은 편치 않았다. '나는 행복하지 않아' 그 선배의 깊고 짧은 한숨섞인 이 말이 너무도 슬프게 들렸다. 나름 중산층의 멋진 삶을 살고 있을 거라 생각했는데 말이다.

행복의 기준은 사람마다 다르구나 싶었다. 너무도 원했던 여자와 결혼을 했고 한국에서도 내로라하는 대기업에서 인정받았고, 이젠 미국으로 이민을 가 좋은 회사에 근무하고 있는데도 말이다. 행복은 외적인 요소에서만 찾을 수 없다는 것을 나이가 들어서야 깨닫게 되는 것이 인생의 프로세스인가 싶었다.

잘 사는 방법은 무엇일까? 참 고민이 많이 되는 질문이란 생각이 든다. 자신의 삶에 만족하고 행복하게 잘 사는 사람들의 공통점은 분명 있어 보인다. 앞으로의 미래가 어찌 될지 두렵고 불확실한 미래가 나를 힘들게 하지만 이러한 두려움을 극복하고 행복하게 잘 살 수 있는 몇 가지 지혜를 나눠보고 싶다.

실패를 두려워하지 말자. 때로는 크고 작은 실수나 자신이 도전했던 프로젝트가 실패로 돌아갈 때가 있다. 모든 것이 내 잘못이고 내가 부족했다고 자신을 학대하는 사람들이 있다. 완벽한 사람이 몇이나 있을까? 이 세상엔 성공만 하는 사람들은 없다. 처음부터 금수저가 아닌 이상에는 모두가 똑같다. 조금의 차이만 있을 뿐이다. 내가 한 모든 경험은 실패가 아니라 경험이다. 그 경험을 토대로 다시 만들어가면 된다. 실패가 나를 옥죄고 나를 한없이 작아지게 만든다. 그러나 누군가는 이것을 실패로 정의내리지 않는다. 단지 여러 경험이었고 배울 점이었다고 말한다. 그런 사람은 극복이 빠르다. 우리에겐 실패라는 것은 없다. 새로운 길을 만드는 방법을 알게 된 것 뿐이다.

두려움을 인정하자. 과거 필자는 누군가 나에게 상처를 주는 말을 할 때 그 말에 오랫동안 위축이 되곤 했다. 상사의 말 한마디에 하루 종일 분노에 휩싸여 자존감이 바닥을 치고 그날의 컨디션은 엉망진창이 되었다. 그러나 이러한 태도는 결코 내게 도움이 되지 않는다는 것을 깨달았다. 그 후부터는 어떠한 문제가 발생했을 때 그 결과를 빠르게 수용하고 어떻게 문제를 해결할까에 더 집중하는 태도를 가지려고 노력했다. 이러한 삶의 자세는 필자에게 더 자신감을 불러일으켰다. 누군가를 만날 때 나의 단점이 들킬까 조마조마하는 것이 아닌 나를 인정하고 더 발전하려 노력하는 모습에서 사람들은 신뢰감을 느낀다는 것을 알게 되었다.

얼마 전 모 정치인을 우연하게 코칭하게 되었다. 당 대표를 뽑는 중요한 선거였다. 수면 부족으로 매우 힘든 상황이었음에도 자신의 부족한 면을 고치려고 노력하고 수용하는 모습이 참 인상적이었다. 안타깝게도 당대표는 되지 못했지만 언젠가 대선후보에 나오겠구나 큰 그릇이란 생각을 했다.

    나만의 작은 목표를 세우자. 삶은 선택의 과정이라고 생각한다. 무엇을 먹을까? 어디를 갈까? 무엇을 배울까 등 우리는 다양한 선택과 집중을 하게 된다. 그 결과치가 바로 나의 인생이다. 여러분의 현재 모습은 어떠한가? 거울을 봐라. 나의 모습은 지금 괜찮은가? 그동안 내가 살아온 역사가 나의 모습에 그대로 드러난다. 눈빛은 총명한가? 배도 나오고 어깨는 처지고 초라한 모습과 마주하고 있진 않은가? 과거의 나는 이러지 않았는데 말이다. 후회스러운가? 아니면 자신이 자랑스러울 정도로 열정적이고 매력적인가?

    아직 우리에겐 시간이 있다. 시간은 공평하다. '이제 늦었어'가 아닌 이제 나의 인생을 멋지게 디자인할 수 있는 기회가 우리에게 있다. 어떠한 목표라고 세우자. 하루에 한 가지 이상 할 일을 만들자. 작게는 이불개기, 세수하기부터 출발해도 좋다.

    나에게 변화를 주자. 눈꼽도 떼지않고 이불 속에 누워 넷플렉스만 보지 말자. 이불을 개고 커튼을 열고 밖으로 나가 맑은 공기를 쐬고 산책이라도 하자. 그리고 내 인생을 어떻게 설계할 것인지 계획을 짜보자. 내 인생을 특별하게 만들 수 있는 사람은 나 자신뿐이다.

📢 스스로 잘 살고 있다고 답하려면

❶ 실패를 두려워하지 말자. – 우리에겐 실패라는 것은 없다. 새로운 길을 만드는 방법을 알게 된 것 뿐이다.
❷ 두려움을 인정하자. – 어떠한 문제가 발생했을 때 그 결과를 빠르게 수용하고 어떻게 문제를 해결할까에 더 집중하는 태도를 가지려 노력하자.
❸ 나만의 작은 목표를 세우자. – 삶은 선택의 과정. 그 결과치가 바로 나의 인생이다.

PART
4

—

'말'을
잘한다는 것

—

말 잘하는 사람에게
떡 하나 더 준다

36

많은 사람들과 관계 속에서 '이 사람은 앞으로도 계속 함께 하고 싶다'란 긍정적인 생각이 드는 사람이 있는 반면, '이 시간이 너무 아깝다'며 후회를 불러일으키는 사람이 있다. 남녀노소를 불문하고 모든 사람들이 한 번쯤은 경험을 해 봤을 거란 생각이 든다. 필자도 거리가 필요하단 생각이 든 사람이 있었다. 부정적인 언어를 많이 사용하는 경우, 입이 가벼워 여기저기 옮기는 경우, 경청은 커녕 본인 얘기만 하는 경우 등 이런 사람들과는 매너의 거리를 두는 편이다. 애써 먼저 연락하는 일은 거의 없다. 반대로 이 분들과는 함께 하고 싶다는 생각이 드는 경우가 있다. 상대방의 감정을 잘 헤아려 센스있게 말을 하는 경우, 진심어린 경청을 하는 경우다. 이들과의 대화는 편안하고 대화의 질 자체가 다르게 느껴져 신뢰감이 느껴진다. 여러분은 어떠한가? 필자는 요즘들어 인간관계에 허기진 사람들이 참 많아졌다는 생각이 들곤 한다. 치열한 경쟁구도에 살아갈 수밖에 없는 환경이 관계를 더 각박하고 외롭게 만든다. 이런 환경 속에서도 나를 치유하고 행복하게 만드는 사람들이 있다. 내 주위에 단 한명이라도 나를 배려하고 진심으로 대해주는 사람이 있다면 당신은 행복한 삶의 조건 중 하나를 갖춘 사람이다.

만나면 만날수록 용기를 주고 마음을 편안하게 해 주는 사람들이 있다. 이들은 모두 말을 예쁘게 한다는 특징을 가지고 있다. 상대방 말을 잘 경청하고 과장된 말이 아닌 솔직하고 진심이 담긴 말을 하는 사람과의 대화는 기분이 참 좋을 수밖에 없다. 심지어 이런 사람들은 많지 않기에 귀하기까지 하다. 우리 모두는 촉을 가지고 있다. 느낌으로 다 안다는 말이다. 이 사람이 지금 내 말을 잘 이해하고 진심 어린 말을 하고 있는지 아니면 대충 좋은 말로 마무리하고 넘어가고 싶은 건지 정말 잘 안다. 동물도 눈치가 있어서 주인이 자신을 좋아하는지 안 좋아하는지 바로 안다.

상대방 말의 의미를 정확히 이해하고 적재적소에 잘 반응해 주는 사람이 있다. 이건 진심 어린 태도가 디폴트 값이어야 가능하다. 당연히 말을 예쁘게 하는 사람들은 모두에게 인기가 있을 수 밖에 없다. 아마도 이 글을 읽는 여러분은 '나는 어떤 사람이지?' 생각해 보고 있을 것이다. 사람은 존중받고 대우받길 원한다. 그렇다면 상대방도 마찬가지다. 자신이 상대방의 말을 건성으로 듣고 무성의한 대답은 하지 않았는지 생각해 볼 필요가 있다. 자, 이젠 앞으로 더 나은 사람, 인기있는 사람이 되고 싶다면 필자가 제시하는 아래 방법들을 실천해 보길 바란다. 생각보다 어렵지 않다. 단지 인내가 필요할 뿐이다.

첫째, 상대방의 장점을 찾아 칭찬하자. 우리는 상대방을 볼 때 장점보다는 단점을 먼저 보고 생각하는 경우가 많다. 필자 또한 예외가 아니다. 필자는 사람들을 관찰하는 것을 즐기는 편이다. 그러다 보니 외모를 보고 섣불리 판단할 때가 종종 있다. 특히 신체관리를 안한 것 같은 모습을 볼 때는 '왜 안할까? 살을 빼면 더 예쁘고 잘 생겨 보일텐데.' 판단할 때가 있다. 상대방의 단점보다는 장점에 포커싱을 해야 한다. '이 분은 발음이 좋네', '자기계발에 진심이구나', '웃을 때 미소가 순수해 보이네' 등 좋은 점들을 보려고 노력하다 보면 상대방의 말을 더 잘 경청하게 되고 존중하게 된다.

둘째, I Message(나 전달법)를 습관화하자. 나 전달법은 자신의 감정, 관점, 요구사항 등을 상대에게 전할 때 오해를 줄이고 건강하게 대화할 수 있게 만들어 준다. 특히 갈등상황이나 어떠한 민감한 내용에 대한 피드백을 할 때 상대방에게 상처를 주지 않고 진솔함을 전달할 수 있는 효과적인 방법이라 생각한다. '나는 ~라고 생각해', '내가 그 상황에 있었다면 너처럼 똑같이 그렇게 했을 거야'라는 식이다. 상대방을 비난하고 섣불리 판단하기보다 자신의 생각과 관점을 솔직하게 말하는 태도는 신뢰감을 느끼게 해 준다. 심지어 그 말이 다소 비판적인 말일지라도 말이다. 생각보다 많은 사람들이 You Message(너 전달법)를 사용한다. 나 전달법의 반대되는 의사소통 방식이다. 이는 주어를 상대방으로 두어 비난하고 탓하는 느낌을 주게 된다. '너가 매사 그러니까 사람들이 우습게 보는거야', '너는 늘 그런 식이더라'는 식이다. 이런 말을 들었을 때 비판이 아닌 비난으로 들리게 되고 갈등을 유발할 수 있게 된다.

마지막으로 긍정적인 자기대화를 많이 하자. 이건 무슨 말일까? 자존감이 높은 사람들은 자신에게 좋은 에너지를 주려고 실천하는 경우가 많다. 본인이 한 말은 자신한테 제일 많은 영향을 준다. '말이 씨가 된다'는 속담이 괜히 있는 게 아니다. 늘 부정적인 언어에 노출돼 있는 사람들은 표정도 날카롭고 밝은 느낌을 주지 않는다. 반면 긍정적인 말을 많이 쓰는 사람들의 모습은 참 표정도 밝고 에너지가 넘친다. 이런 사람 옆에 있으면 내 마음도 편안해지니 사람들이 좋아할 수밖에 없다. 독자 여러분은 자신에게 어떤 언어를 많이 들려주고 있는가? '나는 왜 이모양 이꼴이야', '진짜 짜증나 죽겠네', '좋아서 미쳐 돌아가시겠다' 등등. 가만히 생각해보면 행복해도 죽고 좋아도 죽는다고 늘 말하고 있는 꼴이다. 언어는 나의 삶의 행복을 결정하는 요소 중 하나다. 내 입에서 나가는 말을 조심할수록 득이 됐으면 됐지 손해볼 게 없다. 말은 상대방보다 자신에게 더 큰 영향을 준다는 것을 안다면 결코 함부로 말하지 않게 된다.

'말에는 지우개가 없으니 조심해서 말하라'는 속담이 있다. 내가 한 말은 분명 부메랑처럼 돌아오고 그에 따른 책임을 져야 한다는 것을 명심하자.

📢 말 잘하는 사람에게 떡 하나 더 준다

첫째, 상대방의 장점을 찾아 칭찬하자.
둘째, I Message(나 전달법)를 습관화하자.
세 번째, 긍정적인 자기대화를 많이 하자.

인간관계에서 상처받지 않고 잘 사는 방법

37

여러분은 혼자 시간을 잘 보내는 편인가? 아니면 꼭 누군가와 함께 있어야 행복한가? 과거에는 혼자 밥을 먹고 영화보고 여행하는 것이 그리 흔한 문화는 아니었다. 왠지 혼자 무언가를 한다는 것이 '이 사람은 친구도 없고 참 외로운 사람이구나.' 라는 인식을 주었기 때문이다. 필자는 직장생활을 했을 때 늘 누군가와 함께 식사를 해야 한다는 것에 스트레스를 받았다. '식사 시간만이라도 혼자 편하게 먹을 수는 없을까?' 이런 간절함이 마음 한 켠에 있었다.

몇 년 전부터 MBTI(Myers-Briggs Type Indicator의 줄임말, 성격측정법)가 사람관계를 맺는데 중요한 척도가 되고 있다. 특히 MZ세대들이 대인관계에 많이 사용하고 있기도 하다. 첫번째 지표인 I(Introversion, 내향형)와 E(Extroversion, 외향형)가 있다. I성향일 경우, 내성적 성격, E성향일 경우 외향적 성격을 말한다. 에너지가 내부로 흐르냐 외부로 흐르냐에 따라 나뉘게 된다. 이제는 MBTI로 서로를 파악하는 시대에 살고 있다. 참 편리한 세상이다. MBTI를 알면 혼자 시간 보내는 것을 좋아하는지 싫어하는지도 알 수 있다.

많은 전문가들은 인간관계에서 상처받지 않고 잘 살기 위해서는 혼자만의 시간을 즐길 수 있어야 한다고 말한다. 사회생활을 하다 보면 상대로부터 받는 스트레스와 상처들이 생기기 마련이다. 수많은 처세관련 책들이나 매스컴에서 건강한 대인관계 기술에 대해 알려주지만 정작 자신에게 어떻게 적용해야 하는지 헤매게 된다. 더 노골적으로 말해서 적어도 내 주변의 적들로부터 상처받지 않고 잘 살 수 있는 방법이 무엇인지 이제는 제대로 알아야 한다. 세상은 살면 살수록 더 복잡하고 힘들기 때문이다.

첫째, 자신을 먼저 생각하자. 필자는 직업상 강의를 많이 하는데 꼭 이 말을 강조하곤 한다. 자존감이 낮은 사람들의 특징을 보면 타인에게 포커싱이 되어 있다. 자신의 삶의 행복이 오로지 상대방 기준에 의해 결정되는 경우가 많다. 필자에게 수업받는 20대 여자 수강생이 긴 머리를 짧게 자르고 나타났다. 긴 헤어스타일이 잘 어울렸던 분인데 왜 잘랐냐고 물었더니 남친이 자르라고 해서 바로 잘랐다고 했다. 마음에 드냐고 질문했더니 잠깐 머뭇거리더니 "남자친구가 좋아하니 저도 좋아요"라고 대답했다. 데이트를 할 때도 게임방, 음식을 먹을 때도 옷 스타일도 다 남친이 좋아하는 것으로 바꾸었다고 말했다. 또 어떤 중년 남자 지인분은 아내 비위 맞추며 사는 게 너무 버겁다며 이혼을 조용히 준비 중이라고 말해 필자를 놀라게 했다. 아내의 눈빛이 싸늘하면 그날 하루 종일 너무 불안해서 사회생활조차 지장을 받게 된다고 말했다.

건강한 삶은 온전히 자신을 사랑할 때 나온다. 상대방 눈치만 보느라 정작 자기 자신이 무엇을 좋아하고 어떤 사람이 되고 싶은지 모르는 것만큼 불행한 것이 없다. TV속 성공한 멋진 공인들을 보며 나는 왜 저렇게 되지 못할까 한탄만 하는 것만큼 안타까운 일도 없다. 성공한 사람이 될 수 없기에 불평불만만 늘어놓는 사람이 되고 만다. 차라리 그 시간에 자신이 누구인지 무엇을 좋아하는지 생각해보거나 행복을 위해 필요한 버킷리스트를 작성해보는 것이 훨씬 낫다. 사람은 누구나 외로움을 느낀다. 그 순간을 어떻게 관리하느냐가 무척 중요하다. 혼자만의 시간을 스케줄 표에 꼭 넣길 바란다. 이 시간을 뭘 할까 잠이나 잘까 한탄만 하지 말자. 자존감을 높이기 위해 자신과 긍정적인 대화나 다양한 활동을 하는데 활용해 보길 바란다.

둘째, 자기관리를 꼭 하자. 매력적인 사람들의 공통점이 있다. 이 사람들은 가만히 있어도 자신감과 여유가 느껴진다. 그 이유는 자기 스스로도 자신에게 만족하고 있기 때문이다. 필자는 까페에서 차를 마시거나 길을 지나갈 때 사람들 관찰하는 것을 즐기는 편이다. 이 들 중에 매력적인 사람들이 있는지를 파악해 보는 재미가 있다. 운동을 열심히 한 사람들은 건강하고 활기찬 에너지가 느껴진다. 당연히 몸도 균형잡혀 보이고 옷태도 멋지다. 친구들과 웃으며 적극적으로 대화하는 모습에서 필자는 기쁨과 호기심을 느낄 때도 있다. 자기관리는 결코 특정 사람들의 전유물이 아니다. 깔끔한 옷차림, 운동으로 다져진 건강한 신체, 식단조절, 자기계발을 위해 지식을 쌓는 등 얼마든지 마음만 먹으면 자신을 어제 보다도 더 나은 사람으로 만들 수 있다.

자기관리는 정말 중요하다. 남들이 세워준 목표가 아닌 자신이 직접 결정한 목표를 향해 나아가 보자. 단계단계를 견디고 성취하다보면 내가 얼마나 괜찮은 사람이고 가치있는 사람인지 깨닫게 된다. 굽어졌던 허리가 펴지고 사람들의 따가운 시선이 이젠 부러움의 시선으로 바뀌는 것이 느끼지게 된다. 자기관리하는 사람은 확실히 희소가치가 있고 경쟁력이 크다. 당연히 매력적이다.

셋째, 건강한 인맥다이어트를 하자. 여러 분 핸드폰에는 수많은 연락처들이 있을 것이다. 필자도 많은 번호들이 있지만 이 사람이 누군지 모르는 경우도 있다. 친구가 많다고 행복일까? 필자는 가끔 내게 진정한 친구가 과연 몇 명일까 또 진정한 친구의 기준은 무엇일까 생각할 때가 있다. 사람마다 그 기준은 다 다양하다. 그러나 중요한 사실은 자신에게 진정한 친구가 단 한 명이라도 있다면 삶의 행복을 충분히 누릴 수 있다고 생각한다. 친구 수가 많고 적음이 중요한 게 아니라 양보다 질이 더 중요하다.

얼마 전 필자가 한 비영리 단체의 리더와 대화를 하게 되었다. 수 개월 전 알게 된 분인데 좋은 일을 하고 있어 이 단체에 행사 진행을 무료로 봐 준다거나 후원금으로 작은 지원을 하게 되었다. 그런데 시간이 지나면서 이 분은 도움을 고마움이 아닌 당연한 것으로 여기기 시작했다. 심지어 외부강의를 도와달라고 해서 도와드렸더니 강의료를 자신에게 보내라고 말하는 것이 아닌가? 사전에 양해가 되지 않은 부분이라 무척 당황스러웠다. '이런 사람과는 더 이상 함께할 필요가 없다.'라는 생각에 적당한 거리를 두게 되었다. 때로는 건강한 인맥 다이어트가 필요할 때가 있다. 나에게 좋은 영향을 주는 사람과 함께하는 시간도 우리에겐 부족하다. 굳이 상처를 주는 사람을 아쉬워하거나 미안한 마음을 가질 필요도 없다.

좋은 사람들만 만나라. 좋은 사람의 기준은 여러분도 잘 알고 있다. 뭔가 삶을 더 열심히 살아야겠다는 에너지를 주는 사람, 그런 귀한 사람과의 시간에 더 몰입하자. 여러분의 삶이 가치있고 건강하게 바뀔 것이다. 적정한 매너의 거리를 유지하는 것은 나를 보호하고 행복한 인생으로 이끌어간다.

인간관계에서 상처받지 않고 잘 사는 방법

❶ 건강한 삶은 온전히 자신을 사랑할 때 나온다.
❷ 매력적인 사람은 자기관리를 꼭 한다.
❸ 건강한 인맥 다이어트를 하자.

인구소멸 위기 극복 위한
이성 사로잡는 기술 대공개

38

"이성의 마음을 사로잡는 화법 같은 것은 없을까요?", "어색한 첫 만남에 어떤 질문을 해야 할지 참 난감합니다." 스피치를 상담할 때 가끔 듣게 되는 질문들이다. 2030세대가 이성에게 호감을 얻기 위해서 뿐만 아니라 비즈니스 대인관계에서도 얼마든지 필요한 부분이 아닐까 생각된다. 그럼 이성과의 첫 만남이나 어색한 분위기에서 편안하고 다시 만나고 싶은 사람으로 만들어주는 매력적인 대화 스킬에 대해서 몇 가지 알아보자.

첫째는 경청의 디테일이다. 많은 사람들이 경청이 중요하다는 것은 잘 알고 있다. 그런데 어떻게 하는 것이 진짜 경청인지는 잘 모른다. 그냥 듣기만 하면 되는 게 아니다. 그럼 적당히 추임새 넣어주며 고개만 끄덕끄덕 하면 될까? 진짜 경청의 디테일함은 시선에 있다. 과거 필자는 한국식 경청의 중요성을 많이 강조해 왔다. 눈을 너무 마주치면 상대방이 부담스러워하니 적당히 쳐다보며 경청해야 한다고 말했다. 그런데 요즘은 상대방과 대화할 때 깊은 시선처리가 매우 중요하다는 것을 많이 느낀다.

얼마 전 유튜브 방송을 보는데 이성의 눈을 바라보는 훈련 영상이 있어 흥미롭게 시청한 적이 있다. 눈 마주침이 서로에게 호감도를 상승시켜주는데 절대적인 요소임은 분명하다.

많은 사람들이 의외로 핸드폰을 보거나 다른 곳을 보는 경우가 많다. 이 경우 말하는 입장에선 상대방이 성의가 없고 나를 중요시 여기지 않는다는 생각에 불쾌감 마저 든다. 과거, 필자친구가 소개해준 한 사업가와 비지니스 관련 대화를 하게 되었다. 이 분이 특별한 제스처나 추임새(대화반응)를 넣으며 경청한 것도 아닌데 필자를 존중하고 있다는 느낌을 주었다. 그 이유를 생각해 보니, 핸드폰을 보거나 시선을 다른 곳에 더 많이 두지 않고 필자의 시선을 바라보며 적절한 반응과 함께 듣고 있었기 때문이다. 시선은 매우 중요한 요소다. 상대의 눈을 바라보며 대화를 하거나 듣게 되면 기분이 좋아지게 되고 듣고 있는 상대방에게 더 관심이 가게 된다. 물론 느끼하거나 노골적인 시선은 제외다.

둘째는 진짜 제대로 관심을 둔 칭찬이다. 첫 만남에 좋은 말은 해야겠고 무슨 말을 해야 할지 막막할 때 자주 쓰는 멘트들이 있다. "인상 좋으시네요.", "예쁘세요" 이런 칭찬을 들었을 때 상대방은 어떻게 생각할까? 물론 긴장해서, 생각나는 멘트가 없어서 이렇게라도 말을 했다면 성의면에서 점수를 주고 싶다. 그러나 이런 칭찬은 상대방도 영혼 없는 멘트란 것을 잘 알고 걸러서 듣게 된다. 그런데 참 기분 좋은 칭찬이 있다. 나에 대한 관심에서 나오는 칭찬의 말들을 들었을 때다. 예를 들어, "헤어 색 바꾸셨어요? 너무 잘 어울려요.", "그러고보니 쿨 톤의 색들이 얼굴을 더 밝아보이게 하네요. 오늘 더 예뻐보이세요.", "매일 레몬수도 드시고 지중해식 식단관리를 하시니 이렇게 건강해 보이시는군요. 저도 해야겠어요." 이런 구체적인 칭찬은 상대방에 대한 관심이 없다면 나올 수 없는 말들이다. 듣는 입장에선 기분좋고 호감도가 올라갈 수밖에 없다. 필자는 대인관계 기술 중 관심에 대한 중요성을 많이 강조하곤 한다. 상대방에 대해 관심을 두면 그동안 보이지 않았던 많은 것들이 보이기 시작한다. 부정적인 관심이 아닌 긍정적인 관심을 두게 되면 말할꺼리 칭찬할 꺼리들은 너무도 많아질 수밖에 없다. 상대방의 생일을 먼저 기억해 주고 챙겨주면 참 감동이 될 때가 있다. 직장, 가족, 현재 관심사, 외모 등 구체적인 부분을 질문해 보고 칭찬과 격려의 말을 해 보자. 상대방의 눈빛이 달라짐을 느끼게 될 것이다.

마지막으로 긍정적 어휘사용이다. 물론 과거에도 그랬지만 필자가 느끼기에 요즘이 더 자극적인 언어를 많이 쓰고 있단 생각이 든다. 이젠 신조어도 다양하고 거기에 거친 언어들도 함께 오고 가니 멘탈이 흔들릴 때도 있다. 언어는 그 사람의 정신

세계를 나타내는 척도다. 어떤 언어를 자주 사용하는 지 대화를 하다 보면 그 사람을 알게 된다. 처음엔 호감이 있었지만 대화를 하면 할수록 반전이 되는 경우가 많다. 외모는 참 중요하다. 그러나 겉 모습은 깊은 인연을 연결하는 데 한계가 있다. 반면 외모는 평범하지만 대화를 하다 보면 빛이 나는 사람이 있다. 아무리 예쁘고 잘 생겨도 말을 예쁘게 하지 않거나 상대방을 배려하지 않는 말들을 했을 때 건강한 관계를 오랫동안 유지하기 힘들어진다. 필자가 새롭게 알게 된 거래처 사장님이 있다. 이 분은 젊고 예쁘며, 슬하에 두 아이를 둔 엄마이다. 그런데 남편과 이혼을 계속 고민 중에 있다고 했다. 남편이 너무 말을 함부로 해 상처가 된다는 이유에서다. "그 시간에 신문 한자라도 더 읽어", "무식한 여편네들이랑 어울리지 마, 시간 아까워." 이 말들을 들었을 때 자존심이 많이 무너졌다고 했다. 무식한 여편네란 말에 결국 나를 무식한 여자라고 말하는 것 같아 더 마음의 상처가 컸다고 한다. 또, 필자가 며칠 전 한 부부상담 TV프로그램을 보는데 참 안타까운 젊은 부부의 모습을 보게 되었다. 어린 아이가 다 듣고 있는데도 서로 욕을 하고 비난하며 고성을 질러댔다. 최고 수위를 오르락 내리락 하는 상황이라 보는 동안 무섭기까지 했다. 어떤 언어를 쓰느냐에 따라 자기감정 조절에 큰 영향을 준다. 화가 났을 때 뇌는 분노 회로를 열어 더 분노폭발하게 만든다. 그러나 내가 나 자신에게 절제된 언어를 들려줌으로써 흥분상태를 얼마든지 조절할 수 있다. 예쁘게 말하는 습관은 정신건강에 매우 중요하다.

이성을 사로잡는 대화기술 중 오늘은 경청의 디테일, 찐 관심에서 나오는 칭찬, 긍정적인 어휘사용에 대해 언급했다. 이러한 습관은 비단 이성 뿐만 아니라 대인관계에서도 매우 중요한 태도임을 잊지 말자.

인구소멸 위기 극복 위한 이성 사로잡는 기술 대공개

첫째는 경청의 디테일이다. – 진짜 경청의 디테일함은 시선에 있다.
둘째는 진짜 제대로 관심을 둔 칭찬이다. – 상대방에 대해 관심을 두면 그동안 보이지 않았던 많은 것들이 보이기 시작한다.
마지막으로 긍정적 어휘사용이다. – 예쁘게 말하는 습관은 정신건강에 매우 중요하다.

순간 똑똑하게 보이게 말하는 3대 비법

39

한 여성이 스피치 컨설팅을 받으러 찾아왔다. 영상 촬영을 위해 간단한 자기소개를 부탁했다. "어~~ 저는… OOO입니다…" 몇 초간의 침묵이 흘렀다. 필자는 컨설팅을 받으러 오는 사람들에게 꼭 두가지 촬영을 진행한다. 첫번째는 원고 리딩, 두번째는 자유 스피치다. 보고 읽는 것은 모두가 다 할 수 있다. 그러나 정확한 스피치 진단을 하기 위해서는 주제를 주고 말하게 하는 것이 가장 좋기 때문이다. 이 분의 경우, 원고 리딩은 곧잘 했다. 그러나 자기소개를 시켰더니 아무 말을 하지 못했다. 즉흥스피치를 하게 되면 당황스러울 수밖에 없고 진짜 자신의 실력을 알 수 있게 된다.

사회 생활을 하다 보면 늘 계획된 대로 진행되지 않는다. 아무 생각없이 모임에 참석했다가 갑자기 한 말씀 부탁한다는 상황이 발생하기도 한다. 심지어 앞 사람이 말을 너무 잘해 주눅드는 경우도 있다. 또 종교모임에 참석했을때 갑자기 기도를 시키면 당황스러워 "주여 주여"만 외치다가 제대로 기도를 이어가지 못하는 경우도 있다. 그리고 이성 앞에서 멋지게 보이고 싶은데 너무나 긴장한 나머지 말이 꼬여 제대로 표현을 못하는 경우도 있다. 이런 상황이 생기면 '내가 왜 사나' 하는 무기력감에 빠지게 된다.

인생은 내가 원하는 대로 흘러가지 않는다. 그래서 참 재밌기도 하고 피곤하기도 하다. 사람들은 어느 자리에 있든 즉흥으로 자신감 있게 말을 잘 하길 원한다. 그런데 이 세상엔 즉흥 스피치는 없다. 오직 준비된 스피치만이 존재할 뿐이다. 그렇다면 어떻게 하면 말을 똑부러지게 잘 할 수 있을까.

첫번째 비밀, 정확하게 발음하면 조리있게 말하는 것처럼 들린다. 최근 '환승연애'라는 프로그램이 많은 사람들 사이에서 인기를 얻었다. 한 수강생은 이 프로그램을 시청했는데 남녀커플이 싸우는 장면이 나왔다고 한다. 서로 다투는 장면인데 여성 출연진의 발음이 너무 좋아서 '우와, 잘 싸운다!' 감탄이 절로 나왔다고 했다. 발음이 좋으면 조리있게 말하는 것처럼 들린다는 것을 깨달았다고. 맞는 말이다. 조리있게 말하려는 목적은 상대방에게 내 의사를 정확하게 전달하기 위해서다. 그러기 위해서는 일단 발음이 좋아야 가능하다. 혀 짧은 소리를 내거나 발음이 뭉개지면 아무리 스피치 구조화를 잘 해도 해석이 안되니 낭패를 볼 수밖에 없다. 과거 필자는 한 언론사 영업직원과 대화를 하는데 이 사람이 한국인이 맞나 싶을 정도로 무슨 말을 하는지 도무지 알 수가 없었다. "~란 말씀이시죠?" 이 말을 얼마나 자주 반복했는지 정말 힘들었던 미팅이었다. 정확한 발음은 발성발음표를 검색해서 연습하거나 기사를 소리내서 많이 읽어보는 것이 도움이 된다.

　　두번째 비밀, 자신의 생각과 이유를 세트로 말하는 습관이 중요하다. 예를 들어 시간을 알차게 쓰고 싶어하는 지인에게 조언을 해 줄 때 "운동해 운동, 운동이 시간 때우는데 딱이야" 이렇게 말하면 상대방은 말의 정성도 없고 설득은커녕 반항심만 생긴다. 그럼, 이렇게 말하면 어떨까? "운동하는 걸 추천해, 왜냐하면(그 이유는) 운동을 하게 되면 성취감도 생기고 건강에도 좋고 하루를 보람 있게 살 수 있거든, 나는 3개월째 꾸준하게 운동했더니 몸도 가벼워지고 기분도 너무 좋아, 나처럼 운동하는 거 어때?" 말에도 기브 앤 테이크(Give&Take)가 있다. 내가 정성스럽게 말할 때 상대방도 그 마음을 읽게 된다. 이 습관은 논리적으로 말할 때도 매우 큰 도움이 된다. 다양한 기법들이 많지만 필자는 가장 쉬운 이 방법을 추천하고 싶다. 생각과 이유는 바늘과 실과 같은 존재다. 늘 세트로 말하는 습관을 가져보자.

　　마지막 비밀, 말의 호흡이 간결해야 한다. 필자는 칼럼니스트이자 글작가로도 활동 중이다. 글은 말을 문자로 표현하는 소통방식이다. 글을 쓰는 사람들은 간결하게 쓰는 것을 매우 중요시 여긴다. 왜냐하면 한 문장의 양이 길면 독자들이 문장을 이해하는데도 힘들고 지루해지기 때문이다. 말을 할 때 "~

그리고 그랬는데 아참, ~도 했었어. 근데~" 이렇게 말이 늘어지게 되면 아무리 잘 듣는 경청가도 인내심이 한계에 부딪힐 수밖에 없다. 굳이 한 문장에 몇 음절이 중요한 것이 아니라 간결하게 나눠서 말하는 습관을 가져보자. 예를 들어 영화 '범죄도시4'에 대한 소감을 말할 때 "나 어제 '범죄도시4' 봤어. 너무 재밌더라. 마동석 배우가 직접 제작한 영화라 더 흥미롭게 봤어. 출연한 배우들도 다들 연기파 배우들이고 줄거리가 흥미진진해서 시간 가는 줄도 몰랐어." 이 말을 만약 한 문장으로 말하게 되면 지루해질 수밖에 없다. 간결하게 말하는 습관은 상대방에게 흥미를 주고 더 집중하게 만든다.

똑똑하게 말 잘 하는 사람들은 타고났다기보다는 노력에 의해서 만들어진다. 이 세 가지의 비밀, 즉 발음을 정확하게 하기, 자신의 생각과 이유를 세트로 말하기, 말의 호흡을 간결하게 한다면 많은 사람들에게 신뢰감은 물론 똑부러지는 사람으로 인식될 것이다.

순간 똑똑하게 보이게 말하는 3대 비법

첫번째 비밀, 정확하게 발음하면 조리있게 말하는 것처럼 들린다.
두번째 비밀, 자신의 생각과 이유를 세트로 말하는 습관이 중요하다.
마지막 비밀, 말의 호흡이 간결해야 한다.

핵인싸들의 '찐소통'에 담긴 3대 비밀

40

누구나 한 번쯤은 주변에서 인기가 많은 사람들을 보며 부러워했던 경험이 있을 것이다. 그들은 도대체 어떤 비밀을 가지고 있길래 사람들의 시선을 사로잡는 것일까? 외적인 모습, 태도, 가치관 등 다양한 요소들이 있겠지만 그 비밀 중에 하나는 바로 매력적인 언어 습관에 있다.

인기있는 사람들은 타고난 언변가라고 하기 보다는 후천적으로 습득한 효과적인 소통방식을 통해 사람들과의 관계를 원만하게 이어 나간다. 그들의 언어 습관은 단순하게 말을 잘 하는 것을 넘어 상대방을 존중하고 배려하며 긍정적인 분위기를 조성하는데 초점을 맞춘다. 어딜가나 사람들이 주목할 수밖에 없는 빛이 나는 사람들이라 하겠다. 이런 능력은 애초에 나는 타고나지 않았기에 안되는 것일까? 그렇지 않다. 몇 가지만 자신의 것으로 만든다면 얼마든지 매력적인 사람이 될 수 있다. 그럼 그 몇 가지 예를 알아보자.

소통에서 가장 중요한 것은 잘 듣고 질문하기에 있다. 많은 사람들은 이것을 알고 있으면서도 신경쓰지 않고 말할 때가 많다. 잘 듣는다는 것은 인내를 필요로 한다. 자신의 할 말을 먼저 생각하다가 말이 끝나기 무섭게 자기의 말을 하는 경우, 진정한 소통이라고 말하긴 어렵다. 찐소통을 하는 사람들은 자신의 이야기를 바로 한다기보다는 상대방의 말이 끝났을 때 질문을 통해 더 깊이있는 대화를 이어나간다는 특징이 있다. 이렇게 할 경우, 자신의 감정을 이해받았다고 생각하기에 이제 질문한 상대방의 말에 더 신뢰와 호감을 느끼게 된다. 상대방과 말할 때 1초만 늦게 반응을 보이는 방법을 활용해 보는 것도 좋다. 신중하게 반응하고 있다는 느낌을 줄 수 있다.

두번째는 칭찬을 잘 하는 것이다. 과거 한 지인이 남편과의 관계를 힘들어하길래 하나의 솔루션으로 상대방을 구체적으로 칭찬해 주라고 했다. 그랬더니 "얼굴도 늙고 예쁜 구석이 전혀 없는데 어떻게 좋은 말을 해요."라며 멋쩍게 웃었다. 이 분은 오랜 세월 남편을 미워하고 원망하며 살았다고 했다. 그러니 칭찬할 부분이 전혀 없다는 반응이 이상할 이유가 전혀 없었다. 그런데 이 분보다 더 안 좋은 상황에 처한 한 여성이 있었다. 남편은 아파서 경제력이 아예 없고 아이들을 양육하기 위해 아르바이트를 하며 돈을 벌어야했다. 그런데 남편얘기를 하는데 너무도 예쁘게 말을 해 정말 인상적이었다. 남편을 미워할 만도한데 오히려 남편이 있기에 자신이 더 열심히 살 수 있었다고 말했다. 사람마다 환경과 처지는 다 다르다. 그러나 어떤 사람들은 매사 부정적인 사람이 있고 어떤 이들은 이런 환경 가운데서도 긍정적인 면을 보려고 노력하는 사람들이 있다. 당연히 후자인 경우에 상대방에게 더 관심을 두고 격려하는 말을 잘 할 수밖에 없다.

마지막으로 유머감각이다. '나는 개그맨도 아닌데 누굴 웃길 수 있단 말인가?' 라고 한숨을 쉴 수도 있겠지만 여기서 유머감각이란 남을 웃기는 것만 말하는 것은 아니다. 상대방의 말을 잘 공감해 주고 대화하는 분위기를 부드럽고 편안하게 만들어 주는 능력이라고 말할 수 있다. 상대방의 말에 빵빵 터지며 잘 웃는 사람들이 있다. 이런 반응은 말하는 상대방의 기분을 좋게 만들고 가슴 설렘을 주기도 한다. 나의 말에 집중해서 잘 들으며 경청하지 않으면 절대 나올 수 없는 반응이기도 하다. 과거엔 특히나 여자가 웃음이 헤프면 안 된다고 배웠기에 웃음을 남발하는 여자는 좋지 않은 인식이 있었다. 남자들도 과묵한 모습, 감정을 절제하는 태도가 중요하다는 인식이 많았다. 그러나 필자는 이제 바뀌어야 한다고 생각한다. 누군가와 대화할 때 환한 표정으로(또는 미소짓는 표정)으로 반응할 때 정말 이 사람과 더 대화를 하고 싶다는 생각을 하게 되고 더 관심이 가게 된다. 남자도 마찬가지다. 무서운 시선을 하고 있는 남자들의 표정은 상대방을 주눅들게 하고 부담을 느끼게 된다.

이런 모든 것은 조금만 더 마음을 쓰고 좋은 습관이 되도록 연습을 통해 얼마든지 만들어갈 수 있다. 성공한 사람들은 좋은 태도와 마인드가 성공과 연결돼 있다는 것을 잘 알고 부지런히 실천해 나간다. 꾸준히 노력하는 사람과 알면서도 게을러서 안 하는 사람들의 차이는 시간이 지날수록 확연하게 드러난다. 결론적으로 인기있는 사람들의 언어습관은 단순히 말 잘 하는 것을 넘어선다. 더 깊이있는 관계를 위해 잘 경청하고 질문하며, 상대방을 긍정적으로 바라보며 칭찬과 격려를 해준다. 또 여유있는 마인드로 상대방을 미소짓게 만든다. 이 세 가지를 자신의 것으로 만들어 더욱 풍요로운 인간관계를 만들어 가길 바란다.

핵인싸들의 '찐소통'에 담긴 3대 비밀

❶ 소통에서 가장 중요한 것은 잘 듣고 질문하기에 있다. – 자신의 이야기를 바로 하지않고 상대방의 말이 끝났을 때 질문을 통해 더 깊이있는 대화를 이어나간다
❷ 칭찬을 잘 하는 것이다. – 긍정적인 면을 보려고 노력하는 사람들은 상대방에게 더 관심을 두고 격려하는 말을 잘 할 수밖에 없다.
❸ 유머감각이다. – 상대방의 말을 잘 공감해 주고 대화하는 분위기를 부드럽고 편안하게 만들어 주는 능력이 중요하다.

남들이 꺼리는 사람이 혹시 나라면?

41

독자 여러분은 어떤 모임이나 인간관계에서 있어서 자신이 인싸(Insider 다양한 사람들과 활발히 소통하는 사교성이 뛰어난 사람들)라고 생각하는가? 아니면 아싸(outsider 여러 사람들과 잘 어울리지 못하는 사람들)라고 생각하는가? 주인공은 아니어도 조금이라도 좋은 영향력이 있는 사람이고 싶지 어느 누구도 관심없거나 꺼리는 사람이 되고 싶은 사람은 아무도 없을 것이다.

작년 겨울, 필자가 스피치 상담전화를 받았는데 무척 당황스러웠다. 스피치 커리큘럼에 대한 대화였는데 디테일한 학습 내용을 알고 싶어했다. 1대1 수업의 특성상 진도대로 수업이 진행되지 않을 수 있음을 말한 후 주요한 수업내용을 안내했다. 그러나 진도대로 나가지 않음에 대한 부분을 납득하지 못해 같은 질문을 반복했다. 이 분과는 수업이 어렵겠구나싶어 양해를 구한 후 신중히 고민한 후 수업을 진행하자고 제안했다. 그런데 그는 왜 자신의 질문에 제대로 대답조차 안 하느냐며 언성을 높이기 시작했다. 무척 당황스러운 상황이 돼 버렸다. 충분한 답변이 안 된 점 죄송하게 생각한다고 말했으나 구체적으로 죄송한 점을 말하라고 소리를 지르기 시작했다. 상황이 심각하게 돌아가고 있다는 판단에 일단은 이 분이 화가 누그러지길 기다리며 경청했다. 자신은 화를 내고 있는 게 아니라고 말하며 필자에게 무엇이 죄송한지 말하라며 소리를 질러댔다.

우리는 다양한 사람들과 관계를 하며 살아간다. 어떤 사람은 더 알고 싶고 오랜 관계를 유지하고 싶은 반면, '귀신은 뭐하나 저런 사람 안 잡아가고' 하는 사람도 만나게 된다. 어느 모임이나 조직이든 반드시 이런 사람들이 존재한다. 정말 만나고 싶지 않은 사람들이다. 필자가 경험한 이번 사례는 사실 흔한 경험은 아니었다. 사회생활을 하다 보면 아주 기본적인 대화방법에 대해 자연스럽게 터득하게 된다. 대부분의 경우 어떤 갈등상황에 놓여있을 때는 서로 눈치를 보며 예의를 갖춘 상태에서 대화를 한다. 그런데 정도를 벗어나는 언행을 하는 사람을 만나게 되면 몹시 당황스러울 수밖에 없다. 세상은 넓고 이상한 사람들은 참 많다.

　　필자가 정기적으로 참여하는 모임이 하나 있다. 줌(Zoom)화상회의가 진행된 가운데 호기심에 이들의 얼굴을 갤러리로 설정해 쭈욱 관찰해 보았다. 그런데 재밌게도 이들의 공통점이 한눈에 보였다. 모두가 똑같이 무표정이고 피곤해 보였으며 입꼬리는 쳐져 있었다. 단 한 명도 입꼬리가 올라가 있는 사람이 없었다. 젊은 사람들은 그나마 일자 입술 모양이었고 나이가 든 사람일수록 웃을 때조차도 입꼬리가 아래를 향해 있었다. 자신이 어떤 표정을 짓고 있는지도 모른 채 서로가 그런 얼굴로 마주하며 대화를 하고 있었다.

이성이 서로에게 호감을 느끼는 부분이 무엇인지 질문을 하면 밝은 에너지가 느껴질 때라고 말하는 경우가 많다. 참 당연한 말이다. 인기가 많은 사람들은 긍정적인 에너지를 갖고 있다. 이런 부류의 사람들은 말할 때도 예쁘게 말하고 타인에 대해 존중하는 태도를 가지고 있다. 긍정적인 삶의 태도가 중요하다는 것을 모르는 사람들이 있을까? 그런데 생각보다 많은 사람들이 부정적인 태도의 습관을 갖고 있다. 그렇기에 긍정적인 사람들의 가치는 높을 수밖에 없다. 자신을 돌이켜봤을 때 주변 사람들이 자신을 싫어하지는 않을까 꺼리지는 않을까 이런 생각에 근심한 경험이 있을 것이다. 정말 생각해 볼 문제다. 그럼 부정적인 사람들의 특징을 한번 살펴보자.

부정적인 사람들의 특징 몇 가지를 분석해 보면, 타인을 존중하는 기본적인 마인드 자체가 없다. 상대방의 기분은 전혀 신경조차 쓰지 않고 모든 갈등의 원인을 남 탓으로 돌린다. 아주 사소한 부분에 집착해 대화의 맥락에서 벗어나 쉽게 흥분한다. 그러니 갈등을 더 악화로 치닫게 만든다. 무엇이 잘못되었는지 알려주어도 듣지 않고 자신의 말만 다 옳다고 우긴다. 우리는 사회적인 동물이다. 서로가 함께해야 살아갈 수 있다는 의미다. 그러나 타인을 비난하고 부정적인 에너지를 준다면 어느 누가 함께 하고 싶겠는가? 지극히 상식적인 것 같지만 그렇지 못한 사람들이 너무도 많다.

여러분이 곁에 두고 싶은 사람들의 특징은 무엇인가? 배울 점이 많고 나에게 함부로 하지 않으며 긍정적인 영향을 주는 사람, 내 말을 잘 들어주고 이해해주고 실질적인 도움(물질적이든 정신적이든)을 줄 수 있는 사람이라고 대답할 것이다. 상대방도 마찬가지임을 깨달아야 한다. 자신은 하나도 나은 부분이 없으면서 바라기만 한다면 좋은 사람이 아니다. 좀 더 괜찮은 사람이 되고 싶단 생각이 들었는가? 먼저 자신의 표정, 말하는 습관, 타인을 대하는 마음가짐을 생각해 보자. 밝고 긍정적인 사람, 역지사지하는 마음은 많으면 많을수록 매력적이다.

남들이 꺼리는 사람이 혹시 나라면?

❶ 인기가 많은 사람들은 긍정적인 에너지를 갖고 있다.

❷ 부정적인 사람들은 타인을 존중하는 기본적인 마인드 자체가 없다. 상대방의 기분은 전혀 신경조차 쓰지 않고 모든 갈등의 원인을 남 탓으로 돌린다.

❸ 좀 더 괜찮은 사람이 되고 싶다면 자신의 표정, 말하는 습관, 타인을 대하는 마음가짐을 생각해 보자.

연인이 맞춤법을 틀리면
왜 오만정 떨어질까?

42

한 여성이 맞춤법 때문에 애인과 헤어졌다는 사연이 언론사에 보도되어 화제가 되었다. 필자도 궁금해 기사를 보다가 한참을 웃었던 흥미로운 기사였다. 내용은 남자가 '세뇌'를 '새뇌'라고 말해 물었더니 오탈자라고 변명했다고 한다. 그런데 그 이후에도 '안돼'를 '안되'로, '왠지'를 '웬지'로, '솔직하게'를 '솥직하게', '저녁'을 '저넉'이라고 말했다고 했다. 그동안 꾹 참아왔던 그녀는 어느 날, 상대 남성이 '새차 망했어'라고 문자가 와서 '차를 바꾸는 것이냐'고 물었다고 한다. 그랬더니 이 남성은 다시 '새차'라고 했고, '차를 계약하러 가는 것이냐'라고 되묻자, '차를 씻기려고'라는 답장이 왔다고 했다. 차라리 모른다고 하면 되는데 그 남성은 근무하다 보니 오탈자가 생겼다고 변명해 오만정이 다 떨어져 헤어졌다는 동아일보 기사 내용이었다.

두잇서베이와 알바콜이 지난 2019년 전국 10~50대 이상 남녀 3,859명을 대상으로 이성의 맞춤법 실수에 대한 호감도 조사를 실시했다. 그 결과 응답자의 49.9%가 호감도가 내려간다고 답했고, 39.8%는 호감도에는 변화가 없다고 했다. 반면 10.3%는 호감도가 올라간다고 응답했다. 참 재미있는 조사결과란 생각이 들었다. 특히 호감도가 올라간다고 말한 10.3%의 사람들이 있다는 것도 흥미로운 대목이 아닐 수 없다.

요즘은 '짤영상'이 대세다 보니 글보다 말의 비중이 더 많아졌다. 사람들은 책을 읽는 것보다 짧고 임팩트 있게 소통하고 싶어한다. 두꺼운 책은 인내를 필요로 하니 읽기가 참 부담스럽기 때문이다. 누군가 요약해 만든 영상이나 핵심만 간단하게 정리한 글을 더 선호하게 된다. 또 각종 신조어, 축약어에 익숙한 것도 한 몫을 한다. 그러다 보니 맞춤법에 신경을 쓰지 않게 되고 그냥 편하게 말 나오는 대로 글을 쓰게 되는 경우가 증가하고 있다.

우리는 누군가를 만날 때 예쁘고 깔끔하게 옷을 차려 입고 메이크업과 헤어 드라이도 하면서 예의를 갖춘다. 글에도 기본적인 예의가 있다는 것을 알아야 한다. 바로 맞춤법이다. 많은 사람들이 가장 많이 틀리는 맞춤법에는 무엇이 있는지 알아보자. 아마 이 글을 읽는 독자분들도 한번쯤 헷갈렸던 말들일 수 있다. 몇 가지 예를 든다면, 금새(X)/금세(O), 구지(X)/굳이(O), 않된다(X)/안된다(O), 몇일(X)/며칠(O), 어떻해(X)/어떡해(O), 웬지(X)/왠지(O), 댓가(X)/대가(O), 낭떨어지(X)/낭떠러지(O), 역활(X)/역할(O) 등이 있다.

친한 사이나 가족끼리는 어느정도 이해는 될 수 있어도 비즈니스나 공적인 일일때는 매우 치명적일 수 있다. 평상시에 자신이 쓰는 언어는 그 사람의 능력과도 연결된다. 사적으로나 공적으로나 맞춤법에는 실수를 줄일 수 있도록 해야 한다. '너무 완벽주의를 추구하는 것 아니냐'고 말하는 사람들도 있다. 그러나 생각해 보자. 중요한 프로젝트를 위해 프레젠테이션을 진행하는데 화면에 맞춤법 틀린 부분이 여러 차례 보인다면 어떤 생각이 들까? 아마 눈살을 찌푸리게 될 것이다. 과연 업무를 잘 할 수 있는 사람인지 틀린 글씨를 보고 그 너머를 평가하게 될 테니까 말이다.

평상시 책이나 신문을 보는 등, 글을 많이 접하는 것이 중요하다. 맞춤법을 외운다기 보다 익숙한 언어를 선택하게 되니 틀리는 경우가 거의 없다. 필자도 마찬가지다. 글을 쓰는 직업을 갖다 보니 맞춤법에 더 예민해지고 더 신경을 쓰게 된다. 요즘엔 많은 사람들이 톡으로 대화하는 경우가 많다. 간혹 어쩌다 한번 틀리는 것은 상관없지만, 자신이 쓴 글을 바로 올리지 말고 한 번 더 확인해 보는 습관이 중요하다. 급하게 올리다 아차 싶을 때가 더러 생기게 된다. 또, 한국어 맞춤법·문법 검사기, 맞춤법 쇼츠영상, 맞춤법관련 서적 등을 통해 중요한 문서나 글을 쓸 때 활용해 보는 것도 좋겠다.

말과 글을 잘 하는 사람들을 보면 참 부럽단 생각이 드는가? 그런데 조금만 인내하고 신경을 쓰면 잘 할 수 있는 부분이 말과 글이다. 어떤 일이든 자신을 성장시키는 동력은 꾸준함이다. 많이 말해보고 많이 써보는 것만큼 효과적인 게 없다.

연인이 맞춤법을 틀리면 왜 오만정 떨어질까?

❶ 맞춤법은 글에 있어서 기본 예의다. - 평상시에 자신이 쓰는 언어는 그 사람의 능력과도 연결되기에 사적으로나 공적으로나 맞춤법에는 실수를 줄일 수 있도록 해야 한다.
❷ 평상시 책이나 신문을 보는 등, 글을 많이 접하는 것이 중요하다. - 맞춤법을 외운다기 보다 익숙한 언어를 선택하게 되니 틀리는 경우가 거의 없다.
❸ 어떤 일이든 자신을 성장시키는 동력은 꾸준함이다. - 많이 말해보고 많이 써보자.

자기관리 잘하는 사람이 '인싸'인 이유

43

"오늘 제가 급한 일이 생겨서 아무래도 모임참석이 어렵겠습니다.",

"살도 찌고 누가 저를 좋아하겠어요.",

"직장생활도 재미없고 자신감이 떨어져요."

간혹 주위에서 이같은 말을 하는 이들을 심심찮게 접할 때가 있다. 필자도 상담을 하다보면 이렇게 하소연하는 사람들을 종종 만난다. 이는 시간관리, 신체관리, 스트레스 관리가 각각 잘 안될때 하는 말들이다. 자기관리가 얼마나 중요한지 모르는 사람은 없을 것이다. 여러분 주변에 밝은 에너지가 넘치고 표정은 생기있고 타인에 대해 잘 배려할 줄 아는 사람이 있는가? 자신을 잘 관리하는 사람을 보면 멋져보이고 닮고 싶어진다. 이런 사람들은 주변 사람들에게도 인기가 많다. 희소가치가 있다는 의미다.

자기관리란 '자신의 건강, 체력, 이미지 따위를 가꾸고 살피는 일'이다. (네이버 어학사전 참고) 자신의 분야에 필요한 전문 자격증을 딴다거나 어학공부를 한다거나 또는 신체건강을 위해 필라테스, 헬스 등 운동을 하는 행위를 예를 들 수 있다. 요즘 20대들에게 가장 인기있는 이성은 단연코 자기관리 잘 하는 사람이다. 비단 20대 뿐만 아니라 나이가 들면 들수록 자기관리는 필수 요소다. 신체적, 정신적, 정서적 자기관리가 되는 사람들은 어디서나 빛이 날 수밖에 없다.

필자가 과거 취미삼아 한 독서모임에 참여했을 때의 일이다. 이 모임의 강사는 약속시간을 자주 변경하곤 했다. 이유는 다양했다. 몸이 아파서, 일이 바빠서, 시간이 남아서 등이었다. 처음 몇 번은 그럴 수 있을 것이라고 생각했다. 그가 워낙 바쁜 일정 속에 생활하고 있다는 것을 잘 알고 있었기 때문이다. 그런데 시간이 지날수록 모임이 취소되거나 시간이 변동되는 횟수가 빈번해졌다. 도저히 안되겠다싶어 연락을 드렸더니, 그는 자신을 이해해달라며 양해를 구했다. 이후 모임이 취소되거나 일정이 변경되는 횟수는 줄어들었지만, 동아리 모임이 끝날때까지 약속변동은 계속되었다.

반대로 한 기업의 최고경영자(CEO)께서 필자로부터 스피치 수업을 받은 적이 있었는데, 정말 좋은 인상을 주었다. 해당 CEO는 자신의 스케줄이 타이트했음에도 불구하고 수업시간에 늦거나 결석하는 일이 단 한 번도 없었다. "약속을 정말 잘 지키신다"고 칭찬해 드렸더니, 그는 "약속은 꼭 지키라고 있는 것"이라며 겸손하게 답했다.

필자는 수강생들에게 "리더는 몸과 마음이 건강해야 한다"고 강조한다. 리더십을 발휘해야 하는 사람이 정작 긍정적인 에너지를 주지 못한다면 과연 어떤 부하직원이 리더의 말에 진정성을 느끼겠는가? 리더는 목표를 설정하고 동기부여를 하며 조직을 이끌어야 한다. 누구보다도 더 철저하게 시간, 정서, 신체관리를 잘 해야 한다. 부하직원도 셀프리더십을 발휘해야 함은 물론이다. 그렇다면 곧바로 실행할 수 있는 자기관리 방법 몇 가지를 소개한다. 필자도 현재 실천하고 있는 방법들이다.

첫째, 신체와 정신건강을 위해 식단조절과 운동을 해야 한다. 너무 뻔한 얘기라고 생각할 수 있다. 그런데 생각해 보자. 이 간단한 것조차 실천하지 못하는 사람들이 더 많다. 아니 안 한다. 맵고 짜고 단 음식에 길들여져 있고, 야식을 늘 즐기는 기쁨을 절제하기 어렵기 때문이다. 균형 잡힌 식단을 통해 건강한 식습관을 만들어야 한다. 아울러 운동은 내 몸에 고통을 주는 행위이다. 당연히 안 하고 싶다. 그러나 건강을 위해선 실천해야 한다. 아침형 인간이라면 아침에 운동하고, 저녁형 인간이라면 그 시간에 운동하면 된다. 어느 시간대라도 좋으니 침대에서 일어나 몸을 움직여야 한다. 갑자기 필 받아 무리하게 운동하다가 지쳐 포기하지 말고 천천히 강도를 높이면서 운동하는 것이 좋다. 몸과 마음이 훨씬 가벼워지고 자신감이 생겨 삶에 보다 더 적극적으로 임하게 될 것이다.

　둘째, 스트레스 관리를 반드시 해야 한다. 정서적으로 안정이 된다는 것은 자기관리에 매우 중요한 영향을 미친다. 자신만의 스트레스 해소 방법이 있다면 적극적으로 활용하고 없다면 찾아야 한다. 음주가무로만 해결될 문제가 아니다. 좋은 멘토를 만나 대화를 하는 것도 좋다. 필자는 음악을 들으며 산책을 즐긴다. 자연을 느끼면서 이런 저런 생각들을 정리하다 보면 좋은 아이디어도 생각나고, 고민했던 문제가 해결되기도 한다. 또한 명상이나 요가, 등산, 그림 등 다양한 취미활동을 하는 것도 도움이 된다.

　셋째, 시간관리를 잘 해야 한다. 누구에게나 주어지는 하루의 시간은 똑같다. 시간관리를 잘 하는 사람들은 아무리 바빠도 해야 할 일들을 여유롭게 잘 처리해 나간다. 일을 그냥 하는 사람이 있고, 우선순위를 정해 일하는 사람이 있다. 삶의 대하는 방식도 마찬가지다. 그냥 사는 사람이 있고 목표를 설정해 나아가는 사람이 있다. 후자의 경우 성과가 반드시 생기게 마련이다. 필자는 시간단위로 하루 스케줄을 엑셀로 정리하고 이를 실천하며 살아간다. 이런 습관은 실수를 최소화해 앞으로의 계획도 어떤 방향으로 나아가면 성과를 낼 수 있는지 알 수 있게 된다.

　현대인들게게 자기관리는 필수요소다. 위 세 가지를 꾸준히 실천하겠다는 마음가짐이 무엇보다 중요하다. 결국 자신과의 싸움이 자기관리인 셈이다. 인생은 선택과 집중의 결과치라는 것을 잊지 말자.

자기관리 잘하는 사람이 '인싸'인 이유

첫째, 신체와 정신건강을 위해 식단조절과 운동을 해야 한다. – 몸과 마음이 훨씬 가벼워지고 자신감이 생겨 삶에 보다 더 적극적으로 임하게 된다.
둘째, 스트레스 관리를 반드시 해야 한다. – 정서적으로 안정이 된다는 것은 자기관리에 매우 중요한 영향을 미친다.
셋째, 시간관리를 잘 해야 한다. – 목표를 설정해 나아가는 사람은 성과가 반드시 생긴다.

눈치코치 이제그만!
말해야 내맘 안다

44

우리는 유난히 '눈치'를 중요하게 여기는 문화 속에 살아간다. 눈치 **빠른** 사람은 센스 있는 사람으로 칭찬받고, 눈치 없는 사람은 금세 어색한 분위기를 만든다는 낙인이 찍힌다. 어릴 적부터 우리는 분위기를 살피며 말수를 조절하는 훈련을 받아왔다. 가정에서도, 학교에서도, 그리고 사회에서도 '말보다는 태도'가 중요하다는 무언의 교육을 받으며 자란다.

눈치문화는 인간관계에 있어서 미묘한 긴장과 단절을 만들어낸다. '말하지 않아도 알아야 한다'는 전제가 당연시되면서, 실제로는 누구도 정확히 알지 못한 채 엇갈리는 경우가 많다. 말하지 않으면 모른다는 단순한 진실이, 한국 사회에서는 종종 무시된다. 특히 가까운 관계일수록 이런 기대는 커진다. 부부 사이, 연인 사이, 오래된 친구 사이에서조차 "그걸 굳이 말로 해야 알아?"라는 말이 오간다. 30대 후반 여자 수강생이 신혼인데도 이혼을 해야할까 고민 중이라고 말했다. 이유를 물어보니, 남편이 너무 시댁편만을 든다고 했다. 이런 불만을 남편과 대화해 봤느냐고 물어보니, 굳이 말로 표현만 안했을 뿐, 충분히 불편한 기색을 온 몸으로 눈치줬다고 했다. 그런데 남편은 둔한건지 정말 자신의 마음을 몰라준다고 하소연했다.

인간관계에 있어 우리가 착각하는 것 중에 하나가 '말하지 않아도 알겠지'하는 생각이다. 설사 눈치가 빠르더라도, 사람마다 느끼는 감정과 해석은 천차만별이다. 결국 눈치에만 의존한 관계는 깊이를 가지기 어렵고, 반복되는 오해와 침묵으로 관계가 서서히 멀어지게 된다.

　　표현은 어쩌면 눈치보다 더 큰 용기를 필요로 한다. 감정을 드러내는 일은 곧 나를 드러내는 일이기 때문이다. 거절당할지도 모른다는 두려움, 상대를 불편하게 만들 수 있다는 걱정은 우리로 하여금 침묵을 선택하게 만든다. 그러나 표현하지 않으면 감정은 쌓이고, 쌓인 감정은 언젠가 관계를 망가뜨린다. 반면 감정을 솔직히 표현한다고 해서 모든 관계가 좋아지는 것은 아니다. 하지만 표현하지 않는다면 좋아질 가능성조차 없다. 특히 말하는 방식은 표현의 효과를 좌우한다. 직설적인 표현은 진심을 왜곡시키기도 한다. 예를 들어 "당신 때문에 기분 나빴어"보다는 "그 말이 조금 서운했어"라고 전달하는 것이 훨씬 덜 공격적으로 들리며, 상대의 방어심도 낮춘다. 이것을 I-Message라고 한다. 대부분 사람들이 '너 때문이야'(Y-Message)를 은연중에 내포하며 표현할 때가 있다보니 관계가 서서히 무너지게 된다.

　　표현의 방식은 타이밍과 표정, 말투까지 포함한다. 감정을 표현하더라도, 그것이 비난처럼 느껴진다면 관계에 독이 될 수 있다. 그래서 표현은 연습이 필요하다. 단순한 솔직함을 넘어서, 상대를 고려한 정직함이 필요하겠다. 표현의 중요성을 보여주는 사례는 일상에서도 쉽게 찾을 수 있다. 직장 내에서 불편한 업무 분장을 받은 A씨는 속으로만 불만을 품고 지냈다. 그는 '말 안 해도 상사가 알겠지'라는 생각으로 표현을 피했지만, 상사는 A씨의 침묵을 곧 '수용'으로 받아들였다. 결국 업무는 바뀌지 않았고, A씨의 스트레스는 쌓여만 갔다. 몇 달 후 결국 그는 팀을 옮기게 되었고, 그제야 상사는 "그렇게 불편한 줄 몰랐어요"라고 말했다. 침묵은 때로 불편함을 말없이 수락하는 사인으로 읽힌다.

반면, 말하는 것에 익숙한 사람은 오해를 줄이고, 관계를 더 유연하게 유지한다. 필자는 자신의 생각과 감정을 분명하게 말하는 사람들을 보면 '참 건강한 성격이구나' 생각이 들 때가 있다. 선을 분명히 하게 되면 대화의 효율성도 높아지고 관계에서 발생하는 불필요한 에너지 낭비를 줄일 수 있다.

눈치를 활용하는 것이 전적으로 잘못된 것은 아니다. 눈치는 관계의 윤활유가 될 수 있기 때문이다. 다만 눈치에만 의존해서는 안 된다. 공감은 필요하지만, 공감만으로는 부족하다. 진심은 말로, 표정으로, 태도로 드러날 때 비로소 관계는 단단해진다.

하버드대학 협상 프로젝트(Program on Negotiation, PON)에서는 비언어적 신호의 중요성을 강조하며, 말보다 더 큰 영향력을 갖는 요소로 '적절한 표정과 눈맞춤, 고개 끄덕임' 등을 꼽는다.

그러나 동시에 '분명한 언어적 표현이 따를 때에야 신뢰가 형성된다'고 지적한다. 이는 눈치와 표현이 균형을 이룰 때 비로소 소통이 완성된다는 뜻이다.

눈치는 공감의 기술이고, 표현은 신뢰의 기술이다. 우리는 너무 오랫동안 '알아서 해주길 바라는 관계'에 익숙해져 있었다. 그러나 진짜 좋은 관계는 '말해도 괜찮은 사이'이다. 감정을 말로 표현하는 데 익숙해질수록, 우리는 더 깊고 건강한 관계를 만들어갈 수 있다. 물론 약간의 센스 기본 장착은 필수다.

눈치만 보지 말자. 이제는 표현도 해야 할 때다. 말하는 법을 익히고, 내 감정을 안전하게 꺼내는 법을 배워야 한다. 결국 말해야 안다.

눈치코치 이제그만! 말해야 내맘 안다

❶ 표현하지 않으면 감정은 쌓이고, 쌓인 감정은 언젠가 관계를 망가뜨린다.
❷ 표현은 연습이 필요하다. – 표현의 방식은 타이밍과 표정, 말투까지 포함한다. 감정을 표현하더라도, 그것이 비난처럼 느껴진다면 관계에 독이 될 수 있다.
❸ 눈치는 공감의 기술이고, 표현은 신뢰의 기술이다. – 진짜 좋은 관계는 '말해도 괜찮은 사이'이다.

관계를 어색하게 만드는 사람들, 어떻게 대처?

45

여러분은 누군가와 마주할 때 또는 어떤 모임에서 어색함이 먼저 느껴진 적이 있었는가? 말은 이어지지 않고, 눈치는 없어 보이며, 분위기는 점점 무거워진다. 단순히 수줍음이나 내성적인 성격이라기보다는, 상대방의 반응을 살피지 못하거나 타인의 감정을 고려하지 않는 태도가 느껴질 때 우리는 그 사람을 '사회성이 부족하다'고 느끼게 된다.

우리 주변에 꼭 한두 명은 있는 사회성이 부족한 사람들을 단순히 이상하게 여기기보다는, 그들의 특징을 이해하고 적절하게 대처하는 것이 관계를 덜 피로하게 만들 수 있다. 이 글에서는 사회성이 부족한 사람들의 공통적인 특징과 그에 대한 현실적이고 따뜻한 대응법에 대해 알아보자.

첫 번째, 대화의 흐름을 자주 끊거나, 맥락 없이 말을 꺼낸다.
이들은 대화 도중 갑자기 본인 이야기로 화제를 바꾸거나, 다른 사람이 말하는 중간에 말을 던진다. 듣는 사람이 흐름을 놓치게 만들고, 상대의 입장을 고려하지 않기에 종종 무례하게 느껴지기도 한다. 자신의 이야기를 할 때는 신나게 말하다가 상대방이 말할 때는 핸드폰을 보거나 딴청을 부리는 경우도 흔하다.
얼마 전 한 카페에서 필자가 옆 테이블에 마주 앉아 대화

나누는 두 여성을 보게 되었다. 앞에 앉은 분이 남편과 자녀 문제로 고민을 토로하고 있었다. 그런데 마주 앉아 듣던 상대방이 갑자기 "이번 대선에 OOO 꼭 뽑아, 알았지? 나라가 뒤숭숭해 나라가" 하는 것이 아닌가? 옆에서 커피를 마시다가 이 상황이 흥미로워 귀를 쫑긋 세워 엿들었다. 힘든 상황을 얘기하던 여성분은 "지금 나라가 문제가 아니라 우리 집이 뒤숭숭이라고." 이럴 줄 알았다는 듯이 받아쳤다.

두 번째, 눈치가 없고, 상황 파악이 느리다

눈빛, 표정, 말투의 미세한 신호들을 잘 읽지 못한다. 누군가가 피로하거나 집중하고 있는 상황에서도 말을 걸고, 장난을 계속하거나 때와 장소에 맞지 않는 말을 하기도 한다. 예를 들어 상대방이 시계를 살짝 본다고 치자. 이 상황은 갈 시간이 임박했거나 지루함을 표현하는 제스처일 수 있다. 또, 어떤 말을 했을 때 상대방 표정이 어둡다면 이 말이 불편한 말일 수도 있다.

한 지인분은 필자와 상담하는 도중, 모임에서 자신의 경제적 상황이 매우 여유로운 편인데 형편이 어려운 분과 대화할 때 무슨 말을 해야 할지 말실수할까봐 걱정된다고 털어놓았다. 몇 번 지인에게 이 부분에 대해 지적을 받았기에, 아예 그 만남 자체가 부담스럽다고 말했다. 타인의 감정을 읽는 것이 서툴면 관계가 쉽게 어긋날 수 있다.

세 번째, 과도하게 자기중심적이거나, 반대로 극도로 위축된다

사회성이 부족한 사람들 중 일부는 자신의 이야기만 장황하게 늘어놓고 상대에게 관심을 기울이지 않는다. 반대로 어떤 사람은 말 한마디 꺼내는 데도 머뭇거리고, 자기 주장을 하지 못한 채 무조건 수긍만 하며 존재감을 희미하게 만든다.

필자가 속한 한 독서모임이 있다. 여러 명이 함께 대화를 나누는데 이분은 유독 자기 자랑을 너무 많이 했다. 처음에는 그러려니 하고 듣고 있었지만, 하염없이 말하는 모습에 슬슬 피곤해지기 시작했다. 함께 듣던 리더분은 "너무 대단하시다! 이런 분이 우리와 함께 하네요."라며 맞장구를 쳐 주었다. 센스가 있다면 "네, 감사드려요." 여기서 끝났으면 다행인데, 이번엔 딸 자랑이 시작되었다. '너무 나가셨는데…' 필자도 상황을 예의주시하기 시작했다. "저희 딸은 천재에요, 얼마 전에~" 그 후 남편 자랑이 옵션으로 이어졌다. 맞장구를 쳐주던 리더분도 이젠 할 말을 잃었는지 눈만 꿈뻑거렸다. 안 되겠다 싶어 "~님, 가족 모두가 완벽하네요, 그럼 오늘 안건에 대해 얘기 나눠볼까요?" 필자가 말을 꺼낸 후에야 리더분이 비로소 안건을 소개하기 시작했다.

그렇다면 어떻게 하면 이런 사람들을 만났을 때 잘 대처할 수 있을까?

먼저는 감정적으로 반응하지 말고, 경계를 분명히 하자!
사회성이 부족한 사람들의 말이나 행동에 예민하게 반응할수록 나만 피로해진다. 불쾌하거나 불편한 상황에서는 무시하거나 반응을 최소화하자. 때로는 짧고 단호하게 "그 이야기는 불편하네요"라고 경계를 표현하는 것도 필요하다. 이 한마디가 분위기를 바꾸는 전환점이 될 수 있다.

다른 대처 방법은 대화를 짧게, 주제 중심으로 이어가기이다!
장황하게 늘어놓는 대화를 줄이려면, 질문을 짧고 명확하게 던져야 한다. "그 얘기보다는 이 주제에 집중하면 좋겠어요.", "지금 이야기와 연결해서 말씀해 주세요." 같은 말로 방향을 잡아주는 것이 좋다. 이렇게 말하면 시간의 효율성과 모임의 질을 높일 수 있다.

마지막으로, 상황을 관망하며, 거리를 둘 줄 아는 여유 갖기다!
모든 관계를 바꾸려 애쓰지 않아도 된다. 그 사람이 이상해서가 아니라, 그저 나와 맞지 않는 스타일일 수 있다. 피로해지지 않기 위해선 관계의 거리를 조절하고, 필요 이상의 친밀감을 내려놓는 것이 좋다. 모두에게 잘 보이려고 애쓰지 말자. 적당한 거리는 건강한 관계의 지름길이다.

우리는 모두 다르다. 누군가는 말이 많고, 누군가는 말수가 적다. 사회성이 부족하다는 건 그 사람의 일부분일 뿐, 인격 전체를 판단할 기준은 아니다. 그러나 그로 인해 나의 일상이 피로해진다면, 더 늦기 전에 부드럽고 단호하게 경계를 정할 필요가 있다.

관계는 선택이다. 나를 편안하게 해주는 사람과의 연결이 삶을 더 단단하게 만든다.

사회성이 부족한 사람과 건강한 거리를 유지하는 3가지 방법

❶ 경계 표현하기 — 불편한 행동에는 분명하게 반응을 조절하자.
❷ 대화를 구조화하기 — 산만한 대화를 중심 있는 이야기로 유도하자.
❸ 관계를 재정비하기 — 모든 사람과 잘 지낼 필요는 없다.

| 추천글 |

1. 시사평론가 이종근

사람과 사람 사이엔 선이 있다
오늘도 그 선을 넘어야 하는 당신을 위해

　글을 쓰는 업(業)에서 말을 하는 업으로 하는 일이 넓혀진 이후 나를 대하는 사람들의 인식과 태도가 달라졌음을 느낀다. 사람들은 방송에 나가 말을 하면서 먹고 사는 소위 방송인들은 활달하고 외향적이고 대인관계도 원만하고 많은 사람들과 스스럼 없이 교류하는 줄 안다. 전혀 근거가 없지는 않다. 방송에서 만난 사람들 중에는 정말 방송·카메라가 돌지 않아도 쉼없이 말하고, 처음 만났는데도 형님 아우님 하고, 만난지 반나절 만에 톡으로 안부를 물어오는 이들이 있다.

　하지만 방송에 불려나간다 해서 모두가 그들 같지는 않다. 나만 해도 길을 가다가 얼굴을 알아보는 사람들로 인해 고맙긴 하지만 불편할 때도 있다. 어떤 이들은 어깨를 잡아채거나 손가락으로 꾹꾹 찌르며 '반가워' 한다. 아무리 반가워도 신체에 대한 접촉은 '경계'를 넘는 것이다. 그래서 유명한 개그맨이 공황장애로 고생한다는 기사를 보면 그 사람 만큼 유명인사는 아니어도 심정을 공감한다. 때론 군중 속의 일개인으로 묻어가고도 싶고 그러나 모두 다 모른 척하면 어쩌나 하는 전혀 상반된 걱정을 하기도 한다.

유사한 고민 속에서 누구에게도 그 고민을 이야기하지 못하고 속앓이를 하는 분들이 있다면 김연화 원장을 만나보라고 권한다. 그의 저서는 단순히 말하는 법에 대한 조언이 아니다. 살아가면서 때론 묶어야 하고 때론 풀러야 하고 때론 끊어야 하는 관계의 연(緣) 때문에 고통받는 순간이 비일비재하다. 내가 왜 그렇게 했지? 참아야 했을까? 나를 어떻게 바라볼까? '사람과 사람 사이엔 섬이 있다'는 시구절처럼 김연화 원장은 사람과 사람 사이엔 선이 있다고 전제하고 그 선을 어떻게 지키느냐에 따라 연의 맺고 끊음을 결정할 수 있음을 깨닫게 한다.

"살다 보면 꼭 한 명쯤은 있다. '선을 넘는' 사람들. 허물없이 구는 걸 친한 사이로 착각하거나, 조언이라는 이름으로 무례를 뿌리고 다닌다... 무례함에는 '선 긋기 언어'로 대응해야 한다. 선 넘는 사람에게 가장 필요한 건 '경계'다. 그 경계를 말로 표현하지 않으면, 그들은 계속 침범한다...'거리두기'는 최고의 메시지다. 어떤 말보다 강한 건 '거리'다. 반복적으로 선을 넘는 사람에겐 굳이 정색하거나 말로 따질 필요 없다."(본문 중 '품위 있게, 제대로 한 방 날리는 기술' 부분)

선을 넘는 사람들에게 선긋기를 하다보면 이러다 내가 그은 선 안에서 고립되면 어쩌나 외려 걱정이 들 때가 있다. 거리두기는 '무단침입'의 경우에 해당되겠지만 그것도 칼로 무 베듯 할 수 없는게 인간 관계가 아닌가. 철벽녀 철벽남으로 굳어지면 정작 내가 누군가의 선 안으로 들어가고 싶을 때 그런 도전이 불가능해지는건 아닌지. 영원히 잠자는 숲속의 공주 혹은 왕자로 남는 것은 아닌지. 김 원장은 말한다. 그런 고민 따위 날려버리라고.

"고독을 견디지 못해 억지로 관계를 붙잡는 것은, 결국 자신을 소모시키는 일이다. 때로는 홀로 서는 용기가 무리 속에 머무는 노력보다 더 큰 성숙을 의미한다…모두와 잘 지내려는 마음은 선한 의도에서 시작된다. 갈등을 피하고 싶고, 미움을 사기 싫고, 좋은 사람으로 기억되고 싶다. 그러나 이 선한 마음이 지나치면, 우리는 스스로를 지우게 된다…중요한 것은, 나를 지키면서 타인을 존중하는 것이다…나를 존중하는 마음이 타인과의 관계를 더 건강하게 만든다."(본문중 '관계의 경계를 지키는 용기' 일부분)

김 원장은 말한다. 인간관계에서 오는 고민은 개개인의 문제가 아니라고. 사회의 문제, 교육의 문제, 문화의 문제, 철학의 문제라고. 그래서 그는 어떻게 말하느냐를 조언하는게 아니라 따뜻이 손을 잡고 우리의 귀에 속삭인다. 당신의 문제가 아니라고. 당신을 탓하지 말라고. 그의 책을 읽어야 하는 이유는 자명하다. 우린 지금 거미줄처럼 촘촘히 짜여진 인연의 그물망 속에서 숨을 가쁘게 몰아쉬고 있는 수많은 사람 중 하나이기 때문이다. 그의 책이 도움이 됐냐고? 첫문단만 읽어도 알 수 있을 것이다.

2. 삼성화재 해상보험 주식회사 **부사장 홍성우**

다양한 인간관계 속에서 자신의 정체성을 바르게 찾아가는 것이 필요한 시대를 살고 있다. 사회, 경제적으로 혼란스러운 시기일수록 자존감을 잃고 힘들어하는 이들이 많다. 지금이 바로 그 시간인 것 같다. 각자가 자존감을 세워야 한다. 그러기 위해서는 훈련이 필요하다. 작가는 이 책을 통해서 다양한 상황 속에서 나를 세우고, 나를 지킬 수 있는 방법들을 제시해 주고 있다. 이를 통해 말투와 태도를 바꾸어서 힘든 이 시대를 성공적으로 살아가길 소망한다.

3. 매일산업뉴스 **대표 이강미**

요즘 사회생활하기 어렵다고들한다. 새내기 신입사원에서부터 고위임원에 이르기까지 나름대로의 고충은 있게 마련이다. 어디 사회생활뿐이랴. 가족관계나 모임에서도 마찬가지다. 이 책은 복잡한 사회적 관계 속에서 어떻게 말 하고, 처신하는게 좋을지를 실제 사례를 들어 명쾌하게 제시한다. 소위 '선 넘은 사람들'을 품위있게 선 긋는 법, 직장에서 호구가 되지 않는 법, 외로움과 고립이 아닌 홀로 서는 법, 나아가 외모를 뛰어넘는 매력어필 등 한껏 낮아진 자존감을 끌어올리고, 당당하고 품위있게 사회적 관계를 형성할 수 있도록 길라잡이 역할을 한다.

4. 고양특례시 의회 **의원 김영식**

김연화 작가의 글은 단순한 문장을 넘어, 독자의 마음을 깊이 울리는 통찰과 위로를 담고 있습니다. 사람 사이의 온도, 관계의 본질, 언어의 무게를 따뜻하고도 단단하게 풀어내는 그 필력은 지금 이 시대에 꼭 필요한 이야기입니다. 누군가는 말하지 못했던 감정, 놓쳤던 관계의 본질을 그녀의 글을 통해 다시 마주하게 됩니다. 시의원으로서, 한 사람의 독자로서 김연화 작가의 글을 추천하고 싶습니다.

5. 배우 김재용

수없이 다양하고 가지각색의 사람들이 존재하는 사회라는 집단 안에 속해 있는 나를 돌아 볼 수 있게 도와주는 인상깊은 글이였던 것 같습니다. 과연 나는 사람들 안에서 어떤 모양으로 존재하고 있는가 그리고 내가 정말로 원하는 나의 모양이 무엇인가를 그리고 그것을 어떻게 보여주어야할까를 고민하고 생각하게 해주는 멋진 글이라고 생각합니다 "keep yours"

6. 배우 손원익

우리 모두는 각자 원하는 모습이 있다. 하지만 그것을 '어떻게' 만들어야 하는지 모를 때가 많다. 나의 부족한 모습은 내가 직접 깨닫고 노력하여 만들어야 한다. 헤르만 헤세의 데미안에서 '아프락사스' 즉 알을 깨고 나아가는 새는 본인이 하는 것이지만 이 책은 그 원하는 모습을 위해 노력할 수 있게 도움을 줄 수 있는 좋은 방향성을 제시해 주는 데미안 같은 책이라고 생각한다.

7. 세무법인 석성 경기북부지사 **대표 이봉구**

저는 세무사로서 김연화님의 글과 스피치 강의를 접하며, '내 삶은 내가 선택하고 책임진다'는 메시지에 큰 감동을 받았습니다. 김연화님의 진솔한 경험과 용기 있는 자기표현의 방법을 배우며, 저 역시 남의 시선이 아닌 내 기준을 세우고, 말투와 태도를 바꿔 명강사로 성장할 수 있었습니다. 이 글을 읽으며 '진짜 나답게 사는 것'의 소중함과, 내면의 힘을 키우는 방법을 다시 한 번 깨달았습니다. 김연화 작가님은 타인의 삶에 긍정적 변화를 일으키는 진정한 멘토임을 자신 있게 추천합니다.

8. (주)선진 미얀마본부 COO & CFO **황순호 이사**

"나는 진짜 찐따였을까?" 이 문장을 읽는 순간, 나에게도 동일한 불안함을 감출수 없었지만 글을 읽는 동안 나에게 있는 매력을 찾게 되었습니다. 이 책은 단순히 '잘 말하는 기술'에 그치지 않습니다. 우리가 사는 모든 관계 속에서 겪는 자신에 대한 불안감과 그로 인해 맞닥뜨리는 난처한 상황 앞에서 '진정한 나'로 살아갈 용기와 방법을 제시합니다. 자신감을 찾고, 품위 있게 경계를 설정하며, 홀로 설 수 있는 내면의 힘을 기르는 과정을 통해 우리의 삶의 태도를 바로잡을 수 있는 기회가 될 이 책을 강력히 추천합니다.

● 갈라북스 · IDEA Storage 출간 도서

1. **중국 패권의 위협** 브렛 N. 데커, 윌리엄 C. 트리플렛 2세 공저/ 조연수 역
2. **버핏의 프로포즈를 받은 여인** 카렌 린더 저/ 김세진 역
3. **무엇이 당신을 부자로 만드는가** 라이너 지델만 저/ 서정아 역
4. **세상의 이치를 터놓고 말하다** 사이토 히토리 저/ 이지현 역
5. **뷰 마케팅** 황부영, 변성수 공저
6. **기획의 기술** 김희영 저
7. **그대는 남자다** 나상미 저
8. **태클** 김흥기 저
9. **아이폰 어디까지 써봤니?** 이상우 저
10. **개구리 삶기의 진실** 박종인, 백우진, 이명재, 이상국, 이의철, 이정일, 전필수 공저
11. **멘탈 트레이닝** 김시현 저
12. **1인 창업이 답이다** 이선영 저
13. **승자의 기획** 김희영 저
14. **아이폰 어디까지 써봤니? Ver. 2.0** 이상우 저
15. **레인메이커** 황부영 저
16. **성장하는 엄마 꿈이 있는 여자** 김미경 저
17. **사표 쓰고 지구 한 바퀴** 김문관 저
18. **하루 3분 골프 레슨** 이종달 저
19. **멘탈 트레이닝 Plus** 김시현 저
20. **부자의 관점** 사이토 히토리 저/ 이지현 역
21. **미래수업** 박홍주 저

22	큐우슈우 역사기행	정재환 저
23	당신이 지금 창업을 해야 하는 이유	이선영 저
24	3쿠션 알짜 꿀팁	오경근, 김희연 저
25	금융투자 완전정복	최철식 저
26	거절에 대처하는 영업자의 대화법	권태호 저
27	공무원 기획력	심제천 저
28	엄마가 필요해	은수 저
29	마케터의 생각법	황부영 저
30	창업력	문성철 저
31	나의 주식투자생존기	김근형 저
32	좋은 운을 부르는 방법	난경 저
33	5G와 AI가 만들 새로운 세상	이준호, 박지웅 저
34	땅 짚고 소액 경매	박태왕 저
35	기획자의 생각법	김희영 저
36	3쿠션 알짜 꿀팁 Section+	오경근, 김희연 저
37	거절에 대처하는 영업자의 대화법 SE.	권태호 저
38	슬곰이네 강아지 식탁	김슬기 저
39	왕초보 부동산 중개 그냥 따라하기	김철수 저
40	한 뼘 고전	배기홍 저
41	오늘도 클래식 1	김문관 저
42	오늘도 클래식 2	김문관 저
43	집 살까요? 팔까요?	전인수 저
44	금융투자 완전정복 2.0	최철식 저

45 **한 뼘 골프** 이종달 저

46 **초보도 쉬운 부동산 소액 경매** 박태왕 저

47 **아빠가 위험해** 김오현 저

48 **정변의 역사** 최경식 저

49 **넥스트팡** 김창훈 저

50 **한 줄 속담의 여유** 배기홍 저

51 **디지털 경제를 쉽게 읽는 책** 김효정 저

52 **멘탈트레이닝(RE.)** 김시현 저

53 **기획자의 생각법(RE.)** 김희영 저

54 **리얼 ESG** 이준호 · 강세원 · 김용진 저

55 **통계로 보는 세상** 김창훈 저

56 **숙청의 역사: 한국사편** 최경식 저

57 **반도체 경제를 쉽게 읽는 책** 김희영 저

58 **배민 기획자의 일** 엄유진 외 7명 공저

59 **마케터의 생각법(RE.)** 황부영 저

60 **브랜드 이슈를 쉽게 읽는 책** 공우상 저

61 **숙청의 역사: 세계사편** 최경식 저

62 **한뼘 한자** 편집부 저

63 **글로벌 금융 키워드** 김신회 저

64 **언어의 지혜** 배기홍 저

65 **아무도 모르는 브랜드? 아무나 모르는 브랜드!** 이광석 저

66 **암살의 역사** 최경식 저

67 **쓸모 있게 말하기** 김연화 저

68 **정변의 역사 (확장판)** 최경식 저

69 **머리가 크면 지능이 높다고?** 김창훈 저

70 **초보도 쉬운 부동산 소액 경매(RE.)** 박태왕 저

71 **한뼘 논어** 편집부 저

72 **한뼘 속담** 편집부 저

73 **공무원 기획력(RE.)** 심제천 저

74 **한뼘 철학** 꿈틀러스 저

75 **K-오픈 이노베이션 101** 김준학 저

76 **한뼘 속담(세계편)** 꿈틀러스 저

77 **머니토크** 김현정 저

78 **나를 지키며 말하는 법** 김연화 저

세상 모든 지식과 경험은 책이 될 수 있습니다.
책은 가장 좋은 기록 매체이자 정보의 가치를 높이는 효과적인 도구입니다.

갈라북스는 다양한 생각과 정보가 담긴 여러분의 소중한 원고와 아이디어를 기다립니다.

- 출간 분야: 경제 · 경영/ 인문 · 사회 / 자기계발
- 원고 접수: galabooks@naver.com